POWER EXCHANGE TECHNOLOGY OF ELECTRIC COMMERCIAL VEHICLE

电动商用车换电技术

刘明义　主编

中国电力出版社
CHINA ELECTRIC POWER PRESS

图书在版编目（CIP）数据

电动商用车换电技术／刘明义主编. —北京：中国电力出版社，2024.5
ISBN 978-7-5198-8508-3

Ⅰ.①电… Ⅱ.①刘… Ⅲ.①电动汽车–充电–服务设施 Ⅳ.① U469.72

中国国家版本馆 CIP 数据核字（2023）第 256310 号

出版发行：中国电力出版社
地　　址：北京市东城区北京站西街 19 号（邮政编码 100005）
网　　址：http://www.cepp.sgcc.com.cn
责任编辑：宋红梅
责任校对：黄　蓓　王海南
装帧设计：赵姗杉
责任印制：吴　迪

印　　刷：三河市万龙印装有限公司
版　　次：2024 年 5 月第一版
印　　次：2024 年 5 月北京第一次印刷
开　　本：787 毫米 ×1092 毫米　16 开本
印　　张：9.75
字　　数：204 千字
印　　数：0001—1500 册
定　　价：98.00 元

本书编委会

主　编　刘明义

副主编　刘大为　姚　帅　薛新林

参　编　李　昊　朱连峻　周敬伦　杨名昊　朱　勇　曹传钊
曹　曦　徐若晨　裴　杰　何晓磊　林家源　王娅宁
周　科　马满堂　石　川　闫建华　赵四季　李海焱
汤谧琼

前 言

2021年全国两会将“碳达峰、碳中和”首次写入政府工作报告，提到未来将不断“优化产业结构和能源结构，大力发展新能源”。其中以电动形式为代表的新能源汽车产业具有可应用面广、可操作性强等优良特点，有着较好的市场反馈，在2021年成为炙手可热的新兴朝阳产业。截止2023年底，国家发改委、工信部、生态环境部以及北京市、上海市、四川省、内蒙古自治区等十余个省、市陆续发布了对充换电设施建设及推广应用的政策，新能源汽车产业被推动到前所未有的高度。

随着新能源汽车的推广应用，新能源汽车补能成为最突出的问题之一。目前市场上新能源汽车的补能方式分为两种，充电技术和换电技术。充电技术是指通过枪线将充电桩或充电站与新能源汽车连接，将外部电源转化为电池储存的电能的技术，充电技术的优势是充电桩的建设成本相对较低，布局相对较灵活，劣势是充电速度相对较慢，需要消耗用户较多的时间和耐心。换电技术是指通过专用设备（换电站）将车辆内部已耗尽或部分耗尽的动力电池与外部已充满或部分充满的动力电池进行快速替换的技术，换电技术的优势是换电速度相对较快，可以节省用户较多的时间和精力，同时最大程度减小车位、电网容量等方面的限制，劣势是换电站的建设成本相对较高，电池标准不统一无法通用等。综上所述，充电和换电两种补能方式各有利弊，也各有发展空间。

商用车是指主要用于运输人员或货物的中大型客车、货车、半牵引车等车型。商用车具有能耗大，运输距离远，运行时间长，对运行效率要求高等特点，尤其关注运行中的费效比。充电桩补电等待时间较长，可能影响车辆的运行时间和运行效率，换电方式可有效解决该问题，同时换电方式更加适配“车电分离”模式，具有降低初始投资、分摊投资风险等经济优势，更有利于“油改电”的市场推广，而且换电站通过专业化集中管理电池包，有利于大型电池包的维护和健康状态保持，也更方便通过“V2G”模式挖掘备用电池包的电网支撑新价值点，近年来在电动商用车补能方式上占据了越来越重要的角色。根据研究机构EVTank发布的《中国电动重卡行业发展白皮书（2023年）》预测，2030年中国电动重卡的总体销量将达到44万辆左右，且其中换电重卡将占据电动重卡的80%以上的份额，因此电动商用车换电技术也会随着新能源车辆销量的提高而蓬勃发展。

本书重点在新能源重卡和矿卡换电技术的发展历程、技术路线、技术组成、工程实践及市场应用等方面进行了阐述。全书共10章：第1章介绍新能源汽车行业背景、分类，国家政策及发展趋势；第2章介绍纯电动汽车充换电技术比较；第3章探讨换电产业的整体发展；第4章介绍纯电动商用车换电形式；第5章介绍商用车换电电池包相关技术；第6章、第7章分别介绍换电过程的自动控制和换电站的一般组成；第8章介绍换电智能管理系统；第9章介绍换电站结合新能源微电网的技术及发展；第10章针对目前换电重卡商业化头部企业进行探讨。其中第4章~第7章由刘大为撰写；第1章~第3章、第8章、第9章由姚帅撰写；第10章由薛新林撰写。全书图表资料由李昊、朱连俊、周敬伦、杨名昊、朱勇、曹传钊、曹曦、徐若晨、裴杰、何晓磊、林家源、王娅宁、周科、马满堂、石川、闫建华、赵四季、李海焱、汤谧琼负责绘制、查阅、复核及整理。全书由杨名昊、周敬伦负责统稿校正。

由于编写时间仓促，编者水平有限，书中难免有疏漏和不足之处，恳请读者批评指正。希望通过本书，使广大读者对电动商用车换电技术有个初步的了解，并期待得到同行的宝贵建议和意见，为下一步深化推广应用电动商用车换电技术提供有益的帮助，共同推进我国电动商用车换电技术的发展。

编　者

2023年12月

CONTENTS 目录

第1章
背景概述

1.1 新能源汽车行业背景

2021年全国两会将“碳达峰、碳中和”首次写入政府工作报告，提到未来将不断“优化产业结构和能源结构，大力发展新能源”。其中新能源汽车产业具备可应用面广、可操作性强等优点，有较好的市场反馈，在2021年成为炙手可热的新兴朝阳产业。因此积极推动发展新能源汽车产业不仅能够切实降低我国整体碳排放量，同时也是推动我国绿色经济可持续发展的重要战略举措。可以预见在未来很长一段时间内，新能源汽车产业会持续稳定地行驶在汽车行业发展快车道上，当前，低碳化、信息化、智能化是新能源汽车发展的重点方向，与“双碳”目标的实现保持一致，因此新能源汽车转型发展是节能减排的关键一环。

1.1.1 新能源汽车市场

自2010年左右开始，中国新能源汽车的产业化进入了初步的发展推动时期，国家对于新能源汽车的补贴政策切实引导了新能源汽车产业进行的基础市场搭建以及初期的底层布局，为后续新能源汽车能够突破市场化奠定了坚实的技术基础。从2016年开始，我国新能源汽车市场逐步完善，在经过导入期、成长期等一系列阶段后，逐渐步入了真正意义上的高速发展期，2021年更是出现了“爆发式”的增长，成功站在了“双碳”新时代下的行业风口中。

1.1.1.1 从“政策驱动”到“市场拉动”，步入行业快车道

从2013年到2021年，新能源汽车逐渐成为整个汽车行业的最大亮点，其市场环境已经从“政策驱动”转向了“市场拉动”的新发展阶段，在市场规模、口碑效应等多个方面呈现出相对良好的发展前景。2021年由于“双碳”目标的进一步细化，新能源汽车的整体产量和销量出现了爆发式增长，产量达到354.5万辆，销量达到352.1万辆，某种程度上来说接近于供不应求的市场局面，较2020年同比增长了1.6倍以上。而在最为关键的汽车市场占有率方面，达到了惊人的13.4%，对比2020年5.1%的市场占有率提升了近2.6倍，足见“双碳”政策带来的强力效应。

中国汽车工业协会于2021年12月发布的最新汽车工业经济运行情况报告从很大

程度上能够说明问题。分析2020年和2021年新能源汽车每月销量，首先排除每年2月由于春节假期导致的销量短时间降低情况，全年其余11个月均能够保持销量持续增长的良好局面。自2020年11月新能源汽车月销量首次突破20万辆后，2021年3月开始月销量逐步超过20万辆，从6月开始月销量持续稳步上升，8月开始发力，超过30万辆，可见新能源汽车市场化进程在显著加速；11月超过40万辆，12月竟达到惊人的53万辆，连续8个月表现出持续增长的势头。这无疑和2021年消费者积极响应“节能减排、绿色出行”的方针与“双碳”政策的逐步完善落实有着不可或缺的关系，也进一步说明了新能源汽车市场已经成功从曾经的“政策驱动”转向了如今的“市场拉动”，在当下能源革命时期能够为达成“双碳”目标作出更多具有可持续效应的市场贡献。

1.1.1.2 专业平台统一监管，打造新能源汽车独有品质服务

在统一管理方面，我国以大数据为核心技术主导，构建了车联网平台录入新能源汽车数据。以国家为一级、地方政府为二级、企业为三级的自上而下的监管体系对各项新能源汽车用户数据进行精确把控。自2017年构建国家新能源汽车监管平台以来，每年的接入量都在稳步上升，2021年强化“双碳”目标后，接入量更是得到了爆发式的增长。截至2021年12月，已接入国家监管平台的新能源汽车达632万辆，总行驶里程达2000多亿km，综合碳减排量超8000万t。同时，该平台还能够为新能源汽车用户提供多个层面的服务，包括行驶安全检测、财政补贴核算、节能减排交易、产品品质分析等，为新能源汽车用户带来各种便利，从而切实推动新能源汽车销量与品牌效应同步提升，在“双碳”目标落实的任务中有着不可或缺的作用。

1.1.1.3 新能源汽车产业核心技术不断取得突破

在各大新能源汽车公司的积极研发下，目前我国新能源汽车使用的动力电池品质大幅度提升，同时在电机、电控等多种关键器件的研发制造上也取得了多项技术进步，产业竞争力全球领先。在持续的研发创新下，我国当前纯电动乘用车的电量消耗水平有所下降，而系统能量的密度有显著提高，从而在整体上有效提升了新能源汽车的续航能力。在新能源汽车发动机功率及其密度等核心参数上不断取得突破，并在国际上保持着行业领先的地位。同时开展燃料电池电动汽车示范推广，随着产业补贴和各类双碳新政的布局和落地，各地方也出台了相应的配套政策，氢燃料电池电动汽车产业化也步入了快速发展期，而这些产业核心技术的突破都在为新能源汽车长久发展提供最为有效的助力。

1.1.2 新能源汽车车企

同时面对着“碳达峰、碳中和”战略带来的众多机遇与挑战，新能源汽车企业应该明晰自身的发展战略方向，及时厘清企业当前和未来存在的资源优势，力求在

国内甚至国际新能源汽车市场中把握住自身发展的机遇，力争在切实履行绿色高质量发展承诺的同时，也能够获得良好的经济效益。

1.1.2.1 注重“十四五”国家重点研发专项，深化“三纵三横”研发布局

行业的发展离不开政策的大力支持，企业需要关注科技部出台的重大举措，“十四五”给新能源汽车的重点研发创新指明了方向，而新能源汽车企业需要做到的就是思考如何将“三纵三横”的研发布局内化到企业未来的战略发展中（纯电动汽车、混合动力汽车、燃料电池汽车为“三纵”，电池、电动机和电控技术为“三横”）。根据公司战略规划，结合技术发展趋势及市场需求，按照技术自主研发、产业自主可控、生态自主构建的总体推进思路，逐步实现汽车高效节能、出行低碳环保、乘员安全舒适、交通智能便捷的优质用户体验。同时新能源汽车企业目前也存在多个急需攻克的关键技术领域，尤其是在智能地图与自动驾驶方面需要取得进一步突破。行业技术较为领先的产品例如广汽新能源汽车，率先采用了AR实景导航，通过结合地图、车辆以及视觉等多个角度的数据，把AR增强现实技术和高德导航的最新算法同时进行分析，实现了极速响应的AR实景导航，并且能够高效率利用高精地图、雷达和摄像头，来为新能源汽车的驾驶员提供更准确可靠的自动驾驶辅助。未来新能源汽车企业应当更加注重这些专项技术的突破，在战略布局上优先进行调整，加大研发与资金投入力度，力争站在技术领域的前列，引领行业发展。

1.1.2.2 加速向“新三化”转型，率先占领技术高地

新能源汽车与传统汽车的区别不仅在于是否使用了清洁能源，而是在于新能源汽车在整体的设计理念以及制造环节上都更倾向于满足现代消费者多元化的需求。因此企业在探索能够实现新能源汽车多样化发展的设计方向的同时，要积极推进新能源汽车向电动化、智能化、网联化的“新三化”方向转型，提升“三电”（电池、电机、电控）核心技术，做好充换电基础设施的研发与维护工作。

我国政府工作报告指出要“发展智能产业，拓展智能生活”，在更加注重智能化与网联化的数字时代，作为新型智能移动终端的新能源汽车，新能源汽车企业在智能交互、智能驾驶和智能座舱跨界融合领域有着多元化的创新方向。例如长城汽车公司率先发布了全球首个智慧线控底盘，打造了专属智能座舱平台并实现量产；比亚迪股份有限公司与汽车智能芯片企业地平线正式达成战略合作，不仅能够在智能驾驶领域有更多突破，也能够在一定程度上提升最终的实际量产落地数据。新能源汽车企业应当努力把握行业新风向，将智能网联化汽车作为整个产业发展的突破口，积极配合城市推动充电基础设施的建设与维护，加速优化充电设施布局，满足更多的用户需求，同时力求将纯电动汽车、混合动力汽车以及燃料电池汽车的研发创新提上议程，进行深度研发创新和战略布局，才能够在未来市场上率先站上高地。

1.1.2.3 保持绿色低碳精神内核，贯彻整个工业产业周期

近年来，我国新能源汽车产业发展速度在世界范围内有目共睹，而西方发达国家则有针对性地试图构建起新的国际贸易壁垒。比如在欧盟境内，所有新的乘用车平均每千米碳排放量不得高于95g，超过限额则需要缴纳一系列的罚款；再就是全面禁售内燃机汽车，倒逼传统汽车产业向新能源转型；设立了全新的碳边境调节机制，向包含汽车产品在内的各种商品征收碳税；并且为了针对我国新能源汽车企业向欧盟出口新能源汽车整车及其零部件，还特别制定了限制我国的碳足迹限值法规。

因此，在严峻的国际环境下，汽车低碳化水平的高低，以及产品的碳排放强度等技术指标，才是未来车企核心竞争力。既然汽车产业是我国的能源消耗大户，那么新能源汽车产业就更应该扛起“双碳”先锋的重任，将降低碳排放总量作为贯彻整个新能源汽车工业产业链的目标之一。而要促使整个新能源汽车工业产业链都能够做好有效的低碳排放，不仅需要在新能源汽车生产制造工艺和回收处理的过程中，严格按照绿色低碳的产业标准切实降低实际碳排放量；同时还应当在新能源汽车进行最初的设计构想、中间的生产加工过程、后续的实地交通出行等全环节全面实行绿色化、规范化、低碳化处理，在“研发、生产、投入使用、回收”整个工业产业链中贯彻推进“双碳”任务。

1.1.2.4 积极推动“产业共生”，行业与企业双层面共同发展

在未来，新能源汽车产业竞争的核心可能并非单一的技术或者产品，而将是平台和生态，如何构建出能够推动整个新能源汽车产业上下游均能够协同发展的生态化效应，或许会成为众多新能源汽车企业需要反复思考的问题。因此，在“双碳”背景下，新能源汽车产业的突飞猛进离不开整个产业链的共同发展，更需要从产业和企业双重层面进行绿色高质量协作。

在产业层面上，首先需要发挥好新能源汽车产业平台的带头作用，加快产业团体标准制定，完善标准政策体系，规范产业统计口径，促进产业链上下游企业协同合作，优化资源配置，助力低碳化社会建设。在企业层面上，新能源汽车企业作为“双碳”先锋，要积极发挥产业链主体优势，努力向多方寻求合作，将汽车生产厂商和电网平台进行跨界融合，用技术引领市场业务提升。比如2021年8月，济南市政府与比亚迪股份有限公司签署合作协议，双方在半导体领域、新能源动力电池等多个领域合作，济南市高新区建设30亿Wh规模的动力电池项目，很大程度上解决了2021年度新能源汽车市场需求旺盛且比亚迪股份有限公司动力电池供货紧张的问题；同时比亚迪汽车通过“十城千辆”工程，成功在深圳纯电动公交车领域占有90%以上的高市场份额；而北汽集团则通过进行一系列的产业投资，与各类初创企业开展在激光雷达、数据传输芯片等领域的合作，进一步增强了企业在新能源汽车领域的核心竞争力，将产业协同、产业共生贯彻到底。

1.2 新能源车辆分类

1.2.1 纯电动汽车（BEV）

图1-1所示为纯电动汽车（BEV）示意图，BEV是Battery Electric Vehicle的缩写，其典型特点是只充电不加燃油，以电池为动力带动电动机，驱动汽车行驶。这也是目前国家大力推广的一种新能源车型，不仅可以直接上绿牌、不限行，还能够免征购置税，享受国家补贴（前提是进入国家新能源车目录）。代表车型：特斯拉、蔚来、比亚迪等。

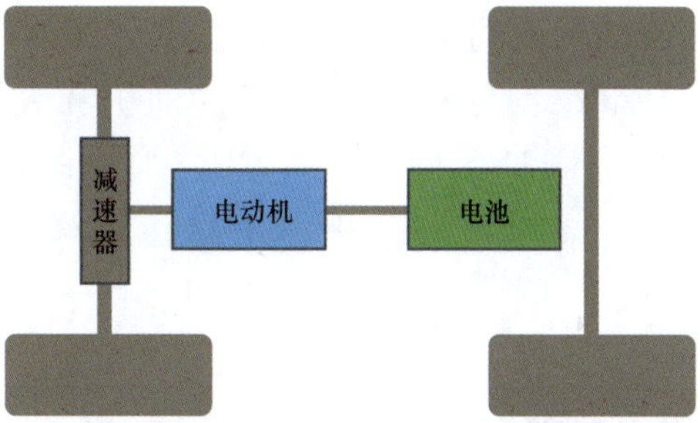

图1-1 纯电动汽车（BEV）示意图

1.2.2 混合动力电动汽车

混合动力电动汽车分为轻混式、插电式、增程式三类。

1.2.2.1 轻混式混合动力电动汽车（HEV）

图1-2所示为轻混式混合动力电动汽车示意图，HEV是Hybrid Electric Vehicle（混合动力电动汽车）的缩写，HEV车型的典型特点是只能加燃油，不能外接充电，主要动力来源于燃油，行驶主要靠发动机，但发动机可以给电池充电，电动机主要用于汽车启停等低速情况，不过在增加了电动机之后，能够减少对燃油的需求。当速度上来之后，才会由发动机和电动机两者协作共同驱动汽车，能够有效降低车辆的平均油耗。不过，目前国内对HEV车型并没有补贴和减免购置税等利好政策，而且不能上绿牌，所以在一定程度上限制了此类新能源汽车的发展。代表车型：卡罗拉双擎、凯美瑞混动等。

1.2.2.2 插电式混合动力电动汽车（PHEV）

图1-3所示为插电式混合动力电动汽车示意图。PHEV是Plug-in Hybrid Electric Vehicle（插电式混合动力汽车）的缩写，也是混合动力汽车的一种，

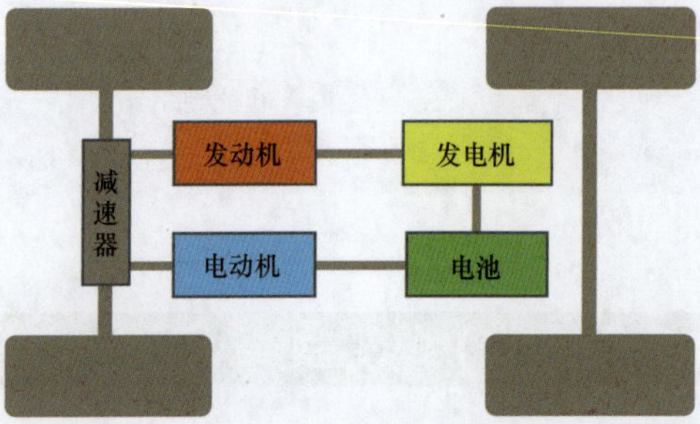

图 1-2　轻混式混合动力电动汽车示意图

PHEV 的典型特点是既能加燃油也能外接充电，发动机也能给电池充电，可单独靠发动机行驶，也可单独靠电动机行驶，也可两者同时起作用。所以，PHEV 车型不仅会有传统的发动机、变速器，还会有驱动电动机的大容量电池和相关的控制电路，它可以在纯电模式下行驶几十千米甚至上百千米的距离。当电池电量充足时，一般都由电动机驱动汽车行驶，当电量不足时发动机会介入驱动车辆，同时对电池进行充电。PHEV 车型的动力来源于发动机和大功率电动机两者叠加，所以动力都会比较强。所以满足条件的 PHEV 车型还能够进入国家新能源目录，可以上绿牌，能够享受很多补贴政策。代表车型：上汽荣威 EI6、大众 Tiguan L PHEV 等。

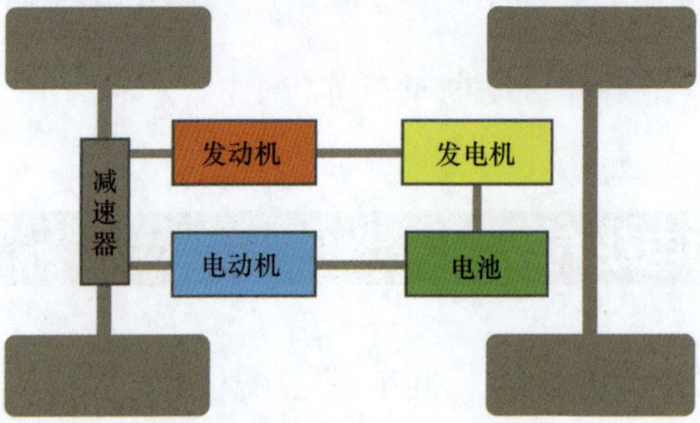

图 1-3　插电式混合动力电动汽车示意图

1.2.2.3　增程式混合动力电动汽车（REEV）

图 1-4 所示为增程式混合动力电动汽车示意图。REEV 名字听起来比较陌生，其实是 Range Extend Electric Vehicle（增程式电动汽车）的缩写，REEV 的典型特点是既能加燃油也能外接充电，但发动机只用来充电，不能用来驱动汽车行驶，最终是靠电动机驱动汽车行驶。REEV 车型首先由发动机运转带动发电机发电，然后把发电机产生的电能储存在电池中，电池给电动机提供能量，进而驱动汽车行驶。其典型缺点是中间转化成电能会有能量损耗，不如直接由发动机驱动汽车更为直接。这确实是增程式电动汽车的一个缺点，不过它的优点要远大于缺点，REEV 车型不仅可以由发动机提供电能，还能够外接充电，充满电的情况下，它就是一辆纯电动汽车。如果同时加满油、充满电，它的续航里程就很可观了，也不会

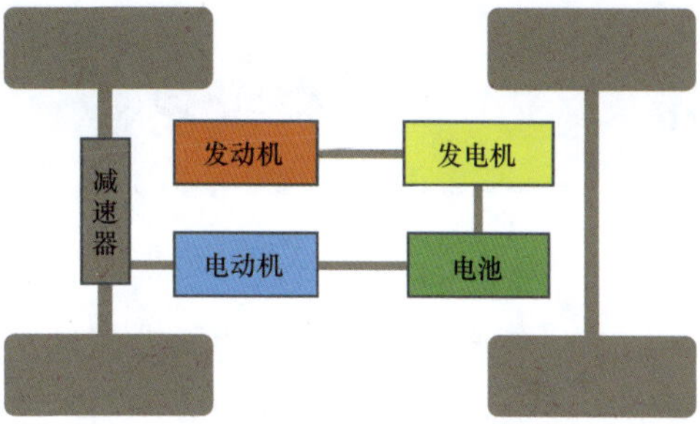

图1-4 增程式混合动力电动汽车示意图

有纯电动汽车的续航焦虑，这也是REEV车型最大的优势之一。代表车型：宝马i3、理想ONE等。

1.2.3 燃料电池电动汽车（FCEV）

图1-5所示为燃料电池电动汽车示意图。FCEV是Fuel Cell Electric Vehicle（燃料电池车）的缩写，目前使用最多的是氢燃料，通过氢气和氧气的化学作用，来为电动机提供电能，进而驱动车辆行驶。燃料电池的化学反应的产物只有水，所以就不会有污染物排放，能够真正做到零排放。不过，目前制氢成本还比较高，加氢站也没有普及，采用氢燃料的新能源汽车在国内并不多见，一般只有一些城市的公交车或者专用车辆会采用氢能源，私家车只有在日本、美国等一些加氢站相对普及的国家比较常见，代表车型：丰田Mirai、现代Nexo等。

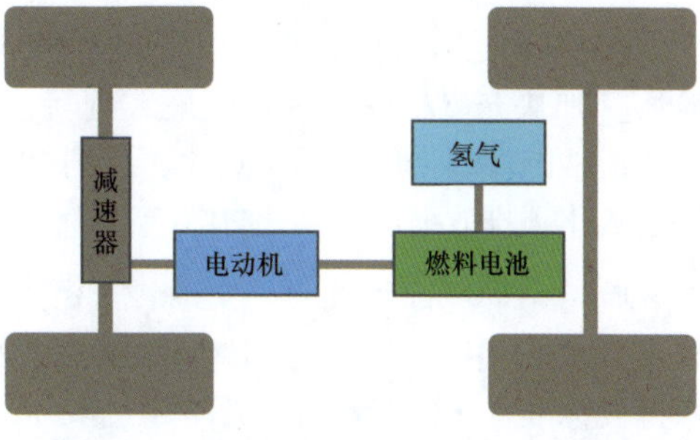

图1-5 燃料电池电动汽车示意图

2020年9月13日，上汽集团“氢战略”提出的“十款、百亿、千人、万辆”四大目标，归纳为几个关键词的话，应该是：产品投放、企业规划、团队建设和产销规模。即在2025年前，推出至少十款燃料电池整车产品，上汽捷氢科技（为行业提供燃料电池产品及工程服务的高科技企业）达到百亿级市值，建立起千人以上燃料电池研发运营团队，形成万辆级燃料电池整车产销规模，市场占有率在10%以上。长期从事汽车研究的业内人士肖越向记者表示，燃料电池电动汽车的广泛应用的培育期预计到2028年左右，通过降低成本等手段，其未来前景不可估量。

1.3 国家政策支持

国家政策驱动是换电重卡（重型货车）获得快速发展的第一要素。国家从2021年开始陆续出台各类扶持政策，具体见表1–1。2021年10月，为了推动换电重卡快速发展，工信部启动新能源汽车换电模式应用试点工作，明确将四川宜宾、河北唐山、内蒙古包头纳入为重卡特色类试点城市。2023年1月30日，八部门联合发布《关于组织开展公共领域车辆全面电动化先行区试点工作的通知》，试点期为2023—2025年，重点推动公共区域车辆全面电动化，有利于特定场景的车辆电动化转型。截至2022年，全国已有20多个省市都已经参与推广换电重卡，经过各地近2年的运营，已经积累了换电重卡运营的实战经验，这将有利于各地进一步加大推广换电重卡的信心。

表1–1　　国家层面电动重卡和换电相关政策

国家政策发布时间	政策内容和依据
2021年10月1日	工业和信息化部启动新能源汽车换电模式应用试点工作，其中四川宜宾、河北唐山、内蒙古包头被明确为重卡特色类试点城市
2022年1月	《国家发展改革委等部门关于进一步提升电动汽车充电基础设施服务保障能力的实施意见》指出，加快换电模式推广应用，围绕矿场、港口、城市转运等场景，支持建设布局专用换电站，加快车电分离模式探索和推广，促进重型货车和港口内部集卡等领域电动化转型
2022年8月1日	《工业领域碳达峰实施方案》：开展电动重卡、氢燃料汽车研发及示范应用。加快充电桩建设及换电模式创新，到2030年，当年新增新能源、清洁能源动力的交通工具比例达到40%左右，乘用车和商用车新车二氧化碳排放强度分别比2020年下降25%和20%以上
2022年11月	国务院生态环境部等发布《柴油货车污染治理攻坚行动方案》，明确要求到2025年全国柴油货车氮氧化物排放量下降12%，新能源和国六排放标准货车保有量占比力争超过40%
2023年1月30日	工业和信息化部等八部门联合发布《关于组织开展公共领域车辆全面电动化先行区试点工作的通知》，试点期为2023—2025年，公共领域车辆包括公务用车、城市公交、出租、环卫、邮政快递、城市物流配送、机场等领域用车

资料来源：中物联公路货运分会，中国政府网，工信部，民生证券研究院。

地方加大对新能源重卡和换电站补贴政策支持力度，具体地方政策见表1–2。除了国家层面的新能源汽车购置补贴和购置税减免政策外，2022年四川、广西、内蒙古、重庆等地均发布与换电重卡或重卡换电站补贴相关的额外政策，如四川直接对换电重卡给予额外每千瓦时电300元的购置补贴，重庆、山东、内蒙古、北京、上海等地对投入运营的换电站给予一次性建设补助，广东省、广西壮族自治区则落实前期已建成换电站的补贴支持。面对用户的需求，地方正在加速重卡换电标准的制定，2022年江苏省加速重卡换电标准的统一步伐，包头市出台了地方电动重卡换电标准，由中国汽车工业协会组织、一汽解放汽车有限公司承办的《电动中重型卡车共享换电站建设及换电车辆技术规范》系列团体标准审定会通过了多项重卡换电团体标准。

表1-2　　地方层面电动重卡和换电设施相关政策

发布政策区域	发布时间	政策依据及内容
北京	2022年8月5日	北京市城市管理委员会发布了《"十四五"时期北京市新能源汽车充换电设施发展规划》，规划明确，推动换电站建设，鼓励车电分离模式发展
上海	2022年9月26日	上海市发改委等10部门印发《上海市鼓励电动汽车充换电设施发展扶持办法》，支持高水平换电站示范建设。对通用型换电站（能够实现跨品牌、跨车型服务），给予换电设备（专指换电装置充电系统和电池更换系统，不含电池）金额30%的财政资金补贴，千瓦补贴上限600元；对于非通用型换电站，给予换电设备金额15%的财政资金补贴，千瓦补贴上限300元
广东	2022年6月27日	广州市工业和信息化局发布《关于做好2019—2020年度电动汽车充电基础设施建设项目核实及中央奖励资金补贴27日安排的通知》。对2019—2020年期间满足条件的充换电设施，补贴换电设施600~800元/kW
广东	2022年6月30日	东省能源局发布《广东省电动汽车充电基础设施发展"十四五"规划》，鼓励有条件的城市根据实际需求开展换电模式应用
内蒙古	2022年6月	发布关于《伊金霍洛旗支持绿色低碳产业发展若干政策的通知》。2022—2024年期间，购置在我旗生产组装或配套我旗境内企业生产关键零部件，且最大设计总质量249t换电重卡的，给予购车主体2万元/辆购置补助。2024年底前，对我旗辖区内新建、改建、扩建的车用充换电站项目，给予一次性建设补助50万元
内蒙古	2022年12月1日	内蒙古标准化协会正式发布《电动中重卡共享换电站建设及车辆换电系统技术规范》第一部分至第八部分8项团体标准，重点解决电池接口不统一、换电通信协议不统一等共性问题
内蒙古	2022年7月	发布《包头市电动汽车充换电基础设施建设运营管理办法》，对于电厂、钢铁、有色、矿区等应用场景，每150辆换电重卡至少配套建设一座重卡换电站
广西	2022年9月26日	一广西壮族自治区发展和改革委员会发布关于公开征求广西新能源汽车换电站建设和运营指南（征求意见）

续表

发布政策区域	发布时间	政策依据及内容
四川	2022年5月23日	宜宾市提出在“十四五”期间将加快换电基础设施规划建设步伐，2025年前宜宾市建成60座重卡换电站，核心示范区重卡换电站达到37座，加快发展区重卡换电站达到23座，为实现电动重卡推广应用目标，宜宾市计划2025年前推广应用电动重卡达到3000辆
重庆	2022年7月	重庆市经济和信息化委员会印发《全市加快建设充换电基础设施工作方案》的通知，加快换电模式推广应用
山东	2022年6月15日	淄博市人民政府办公室印发《关于加快新能源汽车推广应用的实施意见》的通知。按换电设备充电模块额定充电功率，给予400元/kW的一次性建设补贴，单站补贴最高不超过100万元，单个企业累计补贴不超过1000万元
山东	2022年7月13日	山东省潍坊市发改委发布了《潍坊市“十四五”电动汽车充电基础设施发展规划》征求意见稿。到2025年，专用领域，在公交、物流、环卫、单位内部等专用车停车场新增专用充换电站105座、充电桩3188台
江苏	2022年5月30日	苏州市人民政府办公室印发《苏州市“十四五”电动汽车公共充换电设施规划》。“十四五”期间，规划新建122座换电站。到2025年，建设充换电服务网络满足38万辆左右电动汽车的充换电需求
江苏	2022年9月	江苏省汽车行业协会发布《江苏省纯电动重型卡车换电电池包系统技术规范》团体标准成为第一个纯电动重卡换电电池包标准
安徽	2022年2月26日	发布《安徽省“十四五”汽车产业高质量发展规划》，到2025年，实现新能源汽车在重点区域公务出行、城市26日物流、零碳园区、公共交通、城市环卫、矿建材料运输等应用场景新增占比不低于50%
河南	2022年5月20日	发布《关于进一步加快新能源汽车产业发展的指导意见》，到2025年，建成集中式充（换）电站5000座以上，除应急车辆外，全省公交车、巡游出租车以及城市建成区的渣石运输车、水泥罐车、物流车、邮政用车、环卫用车、网约出租车基本使用新能源汽车；重型载货车辆、工程车辆绿色替代率达到50%以上
新疆	2022年1月26日	新疆维吾尔自治区人民政府发布《关于进一步加快新能源汽车推广应用及产业发展的指导意见》，到2025年建成投运不少于150个城市（城际）公共充换电站

资料来源：中物联公路货运分会，中国政府网，工信部，江苏工信厅，全国团体标准信息平台，民生证券研究院。

1.4 重卡电动化对双碳目标实现的背景意义

据中国汽车技术研究中心测算，汽车碳排放占我国交通领域碳排放80%以上，汽车的燃料排放约占国内总温室气体排放的7.5%。2020年中国明确提出2030年“碳达峰”与2060年“碳中和”目标，要求2030年前实现单位国内生产总值二氧化碳排放比2005年下降65%以上。同时《中国汽车产业发展报告（2020）》指出，汽车产业将提前到2028年实现“碳达峰”，2035年在“碳达峰”的基础上再减排20%以上，最终在2050年实现近零排放。

基于中国汽车技术研究中心对车队的碳排放核算及预测模型测算，汽车燃料周期（包括燃料生产、运输及车辆行驶）的碳排放达峰时间在2025—2029年，对应峰值为11.6亿t左右，并且在2030年后碳排放将快速下降。在仅考虑车辆运行使用阶段（不包括燃料生产、运输碳排放）的情况下，碳达峰时间预计也处于2025—2029年区间，具体如图1-6所示，对应峰值为8.9亿t左右。目前道路交通占国内石油消费总量的近50%，且98%的碳排放来源于汽车的燃油排放，考虑到2028年前的平台过渡期，道路交通汽车产业实现减排的时间较短、任务较重。

重卡排放物是道路交通温室气体和空气污染物的主要来源，分别占比30%和60%。重卡是指总质量大于15t的载货汽车，现阶段大多重卡由柴油发动机驱动，这类车辆的排放物是温室气体和空气污染物的主要贡献源。在中国，重卡保有量接近900万辆，仅占道路车辆总保有量的4%左右，但重卡每年二氧化碳排放量占所有车型比例的54%左右，具体如图1-7所示，是所有车辆碳减排当中的关键车型。燃油重卡四项污染物排放量高达563万t，占所有车型比例的36%，单辆燃油重卡的颗粒物排放是乘用车的306倍。生态环境部《中国移动源环境管理年报（2022）》显示，2021年全国机动车排放的污染物总量中，全国重卡一氧化碳（CO）、碳氢化合物（HC）、氮氧化物（NO_x）、颗粒物（PM）排放量分别为81.4万t、35.5万t、443.0万t、3.6万t，分别占汽车排放总量的10.6%、17.7%、76.1%、51.5%，具体如图1-8所示。

道路交通排放标准趋严，倒逼重卡升级转型。为有效治理环境，我国机动车污染物排放标准不断升级，针对四项标准污染物——一氧化碳（CO）、氮氧化合物（NO_x）、碳氢化合物（HC）、颗粒物（PM）排放标准更加严格。2016年国家环境保护部发布了《轻型汽车污染物及测量方法（中国第六阶段）》，依据排放限值，国家标准设置了国六a和国六b两个阶段的方案，具体见表1-3，其中限值相对宽松的国六a阶段已于2020年7月起实施，国六b已于2023年7月实施，其中重型柴油新车已于2021年7月起全面实现国六排放标准达标，见表1-4。相较国五标准，国六a标准的CO排放限值降低30%，国六b标准的HC、CO、NO_x和PM颗粒物排放限值分别降

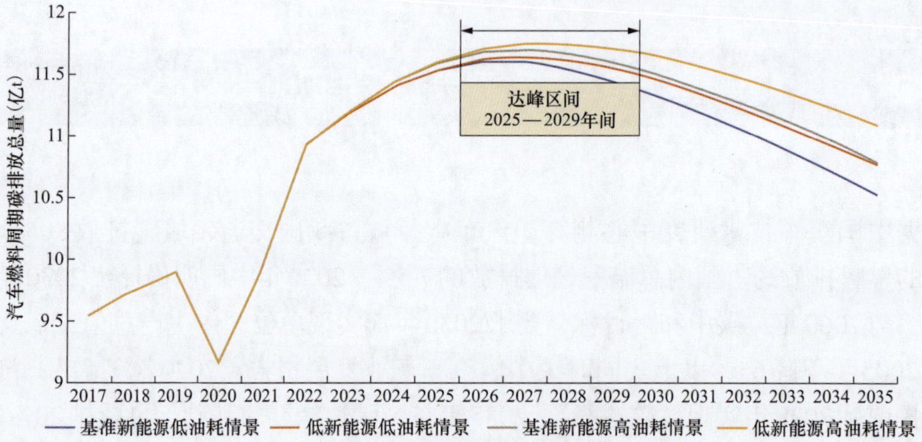

（a）2017—2035年汽车燃料周期碳排放量测算

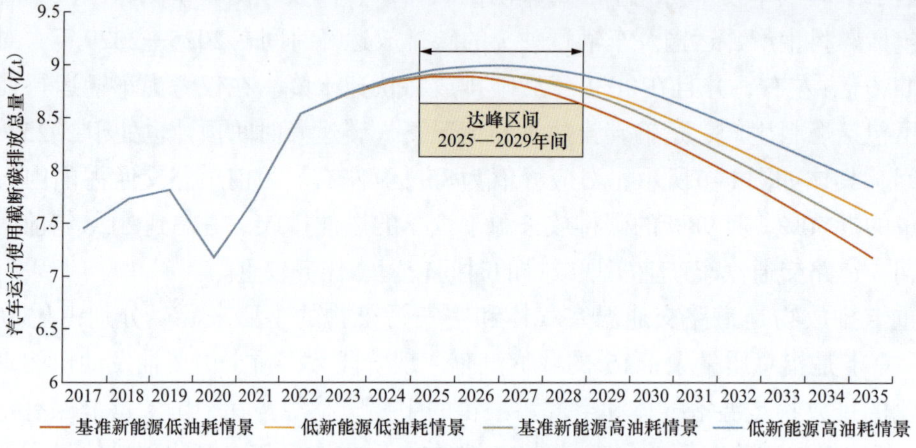

（b）2017—2035年汽车运行使用阶段碳排放量测算

图1-6　2017—2035年汽车燃料周期碳排放量测算

数据来源：中国汽车技术研究数据。

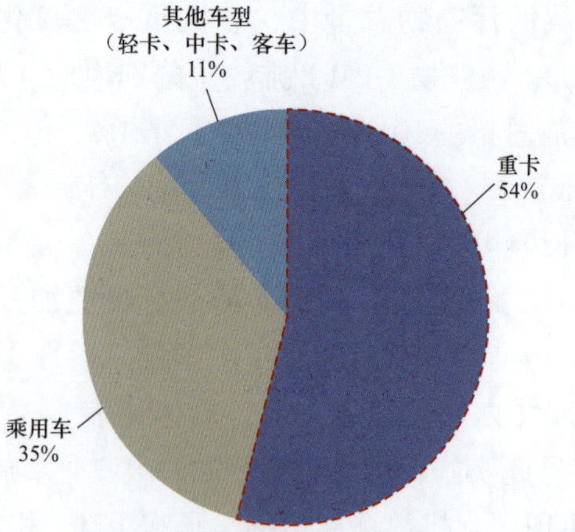

图1-7　重卡二氧化碳排放量占所有车型比例

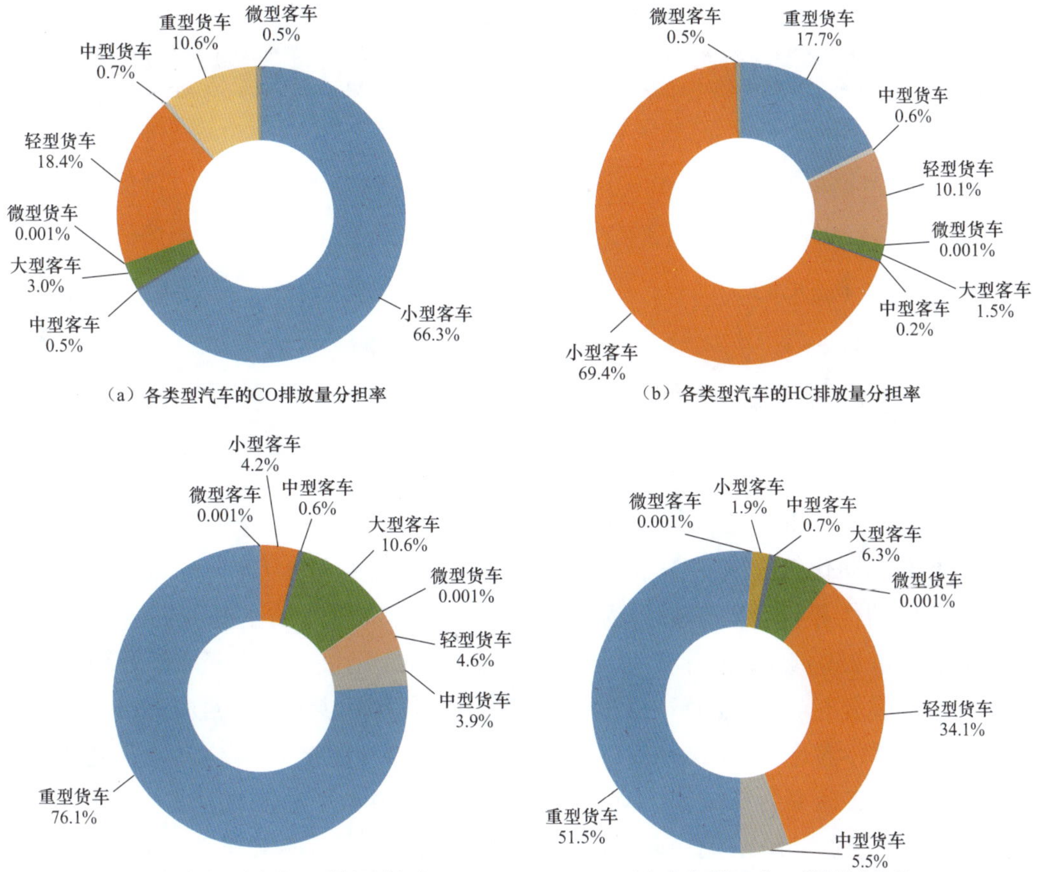

（a）各类型汽车的CO排放量分担率　（b）各类型汽车的HC排放量分担率

（c）各类型汽车的NO_x排放量分担率　（d）各类型汽车的PM排放量分担率

图 1-8　重卡碳化物分担率

数据来源：《中国移动源环境管理年报（2022年）》。

低50%、50%、42%和33%，具体见表1-4，排放标准升级幅度较大，同时新增氧化亚氮（N_2O）和PN细颗粒物排放限值。排放标准的升级迫使污染排放严重的重卡向低碳和低污染转型。

表 1-3　国五、国六 a-b 排放限值

排放物	国五	国六 a	国六 b
CO（mg/km）	1000	700	500
HC（mg/km）	100	100	50
NO_x（mg/km）	60	60	35
PM 颗粒物（mg/km）	4.5	4.5	3
N_2O（mg/km）	—	20	20
PN 粒子数量（个/km）	—	6×10^{11}	6×10^{11}

数据来源：环保部、国企证券研究院。

表1–4 国五、国六a–b排放对比

排放物	国五	国六a	国六b
CO（mg/km）	降低30%	降低50%	降低29%
HC（mg/km）	不变	降低50%	降低50%
NO_x（mg/km）	不变	降低42%	降低42%
PM颗粒物（mg/km）	不变	降低33%	降低33%
N_2O（mg/km）	新增项	新增项	不变
PN粒子数量（个/km）	新增项	新增项	新增项

数据来源：环保部、国企证券研究院。

电动化转型是重卡减排优选项，高载量和长续航的燃料电池重卡是电动化优选项，重卡电动化符合减排需求，转型后年碳减排量接近1万t。新能源电动重卡基于零排放的优势符合整体减排需求，成为重卡升级改造的主要方向。以重卡二氧化碳排放量250g/km，重卡年运营5.5万km、2021年重卡保有量850万辆销售量为基准，当重卡电动化渗透率为1%时，碳排放量每年减少117t，对应42.9万辆乘用车的碳排放量；渗透率为10%时，碳排放量每年减少1169t，对应429.4万辆乘用车的碳排放量；渗透率为50%时，碳排放量每年减少5844t，对应2147.2万辆乘用车的碳排放量；渗透率为100%时，碳排放量每年减少11688t，对应4294.4万辆乘用车的碳排放量。

1.5 纯电动商用车发展趋势

未来在双碳政策、商业模式创新和TCO不断优化的驱动下，新能源商用车（包括纯电动汽车及氢燃料电池电动汽车）到2030年中卡、重卡渗透率达到25%以上，轻卡渗透率达到30%以上。

1.5.1 趋势一：换电解决续航和补能效率短板，叠加车电分离的销售模式，提升纯电动重卡的经济吸引力

2021年，纯电动重卡销售中的换电车型占比高达43%。换电车型的兴起主要有如下几方面的因素驱动：

（1）换电模式减少车辆充电等待时间，使得重卡出勤以及相应的日行驶里程大

幅提升，为能耗成本节降提供了基础。

（2）车电分离为金融创新提供基础，降低客户一次性购买成本压力。

（3）不论是一汽、东风等传统主机厂，还是三一、宇通等新兴主机厂，都快速推出相应产品，供给端可选车型充足。

（4）换电模式受政策支持，如高排放企业为满足碳中和要求，给予纯电动卡车在运输趟数、运输价格等方面的优惠，以提升新能源车辆使用比例，避免节能减排未达标带来的减产惩罚风险。与此同时，换电站基础设施正逐步完善。

目前，由于电池厂家不一、换电模式不同（如顶换模式、侧向换电模式和整体双侧换电模式等）导致接口标准尚未统一。换电技术的落地难点并非在于技术本身，而在于主机厂、换电站和电池厂商之间在标准统一与运营方面的协作生态构建。

1.5.2 趋势二：新能源专用平台出现，整车效率和性能进一步提升，并与自动驾驶平台同步迭代

由于规模效应不足，几乎所有的新能源商用车车型都为油改电平台。原有柴油车底盘的布置方式限制了电池、储氢罐等新增部件的布局灵活性，整车底盘空间尚未得到有效的应用。图 1–9 所示为新能源商用驱动技术变化趋势，其专用底盘将有三大显著的技术趋势。

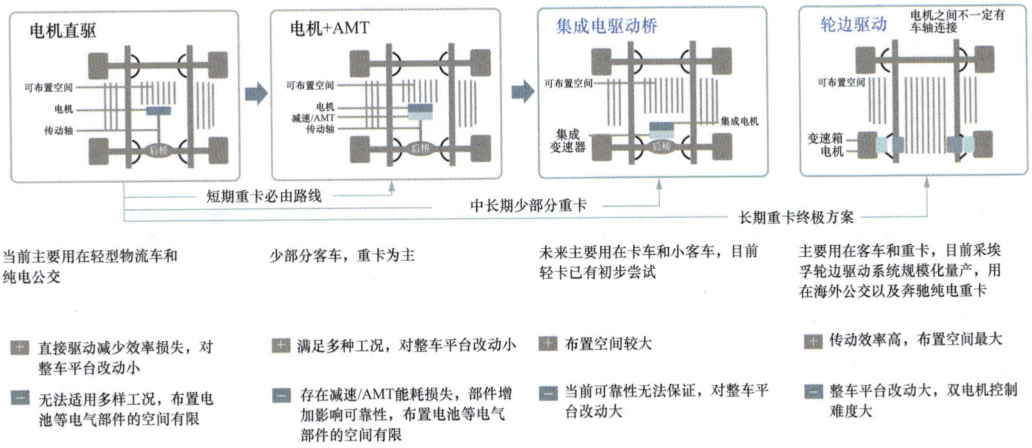

图 1–9 新能源商用驱动技术变化趋势

1.5.2.1 电驱动桥优化底盘布置

当前轻型商用车已经开始逐步商业化集成电驱动桥，而重卡仍主要采用中央直驱的模式，主要由于直驱对于整车平台的改动较小且所需的研发投入低，但其并非最高效率传动方案，且底盘空间占用较大。未来新能源车底盘将更多采用电驱动桥的传动形式，通过集成化设计释放更多底盘空间给到电池和储氢系统，且整车质量

有所降低，传动效率得到提升，但当前面临着开发成本高和可靠性方面的挑战。就集成电驱动桥而言，国内厂家目前主要关注平行式和同轴式，而国外头部厂家则关注垂直式，从技术实现难度上看，未来国内将主要商业化平行式和同轴式电驱动桥。同时为提升电驱动效率和集成化，电机的功率密度将进一步提升，既可以满足更高的集成要求，如集成到轮边甚至轮毂，另也可通过电机高速化提升功率密度，可以实现电机小型化，进而降低成本。除了牵引车和货车的电驱动桥，挂车企业也在尝试应用挂车电驱动桥，以辅助能量回收、为冷藏箱等辅助装置提供单独的能量支持、支持牵引车的启动/停止操作等。

1.5.2.2 储能系统与底盘一体化设计

结合电驱动桥，原有采用背挂形式的储能系统（电池和储氢罐）可以被更好地集成到底盘，优化货箱空间。例如，欧洲某领先商用车企业的纯电动和氢燃料电池电动牵引车已经将电池布置在底盘而非传统的背挂式。这些新的布置方式优化了整车的空间，同时通过与底盘的一体化设计，避免可靠性和结构强度的问题。

1.5.2.3 高压平台

重卡目前主要为400～600V系统（电机额定电压），通过提升整车电压，可以提升充电效率。例如，某零部件供应商已经推出可用于混合动力电动商用车和纯电动商用车的800V电机，实现更高的功率密度并降低热能损耗。同时，由于整车电压的提升，可一定程度降低线束规格，减少线束用量，实现降本减重。另外，高压平台可以适配更大功率的快充技术，以提高充电效率，如德国正在实施世界上第一个兆瓦充电项目，目标是3.75MW峰值。但也需注意的是，高压平台下，传统的IGBT电控将无法满足需求，需要采用SiC技术才能应对高压技术要求，而目前SiC仍面临技术和成本的挑战。

1.5.3 趋势三：合理的商业模式可以更好地助力纯电动商用车发展

随着新能源商用车的普及，电池作为高价值资产，带来相应的资产管理机会。围绕电池即服务（BaaS），存在三大创新商业模式：

1.5.3.1 充换电服务

当用电量足够时，充换电服务可以获得可观的收益。新能源商用车，尤其是重卡，因其用电量大，为充换电服务的营利性提供了支撑。以重卡换电站为例，一般5年左右可以回收建设投入。

1.5.3.2 电池租赁

重卡单车电池成本为30万～40万元（约300kWh电量），已经赶超柴油牵引车整车价值，客户对于电池的租赁存在需求。通过电池租赁，是切入充换电服务和梯次利用的抓手。

1.5.3.3 电池回收再利用

废旧电池的回收利用符合低碳环保的要求，而商用车所用的磷酸铁锂电池也更适合梯次利用。梯次利用业务的毛利率预估为 15% ~ 20%，该环节的引入可以进一步降低电池全生命周期成本。特别对于重卡换电模式，该模式能够提高电池回收率，解决当前电池回收面临的回收网络的挑战。

这些潜在新模式带来的收益率或将超出传统整车制造，因此对于主机厂而言，在计算客户 TCO 和自身投资回报时需要更加开放，相应地也需思考自身在价值链上新定位的可能性，以获取更大收益。

第2章 纯电动汽车充换电技术比较

2.1 充电技术

充电系统为电动汽车运行提供能量补给，是电动汽车的重要基础支撑系统，也是电动汽车商业化、产业化过程中的重要环节。随着电动汽车产业的快速发展，充电技术成为制约行业发展关键因素之一，智能、快速的充电方式成为电动汽车充电技术发展的趋势。

众所周知，新能源汽车分快充和慢充，其实快充、慢充归根结底是直流充电和交流充电，图2-1所示为直流电与交流电对比。直流电简称DC，又称“恒流电”，恒定电流是直流电的一种，是大小和方向都不变的直流电。交流电简称AC，是指电流方向随时间作周期性变化的电流，在一个周期内的平均电流为零，不同于直流电的是方向会随着时间发生改变的，而直流电没有周期性变化。

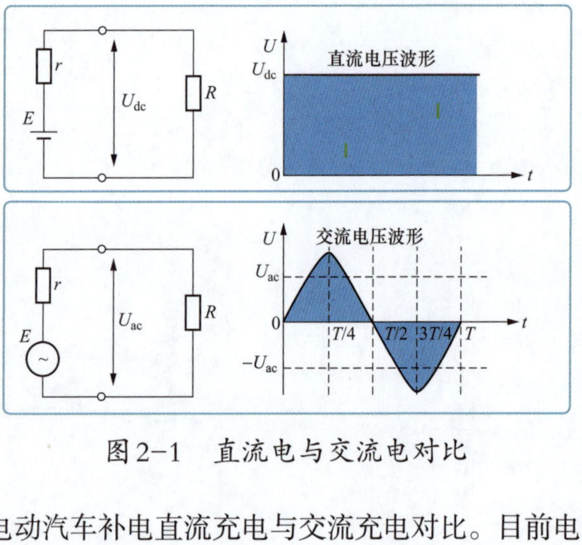

图2-1　直流电与交流电对比

图2-2所示为电动汽车补电直流充电与交流充电对比。目前电动汽车的充电主要是通过充电桩完成充电的，充电桩按充电方式可分为交流充电桩和直流充电桩，以及交直流一体充电桩，其中交流充电，功率较小，所需的充电时间较长，但对电池的损耗较小，与之相反的则是直流充电桩，其充电功率大，充电快，但是对电池的损耗也较大。

另外需要明确的是，电池有正极和负极，所以给动力电池充电，必须是直流电，

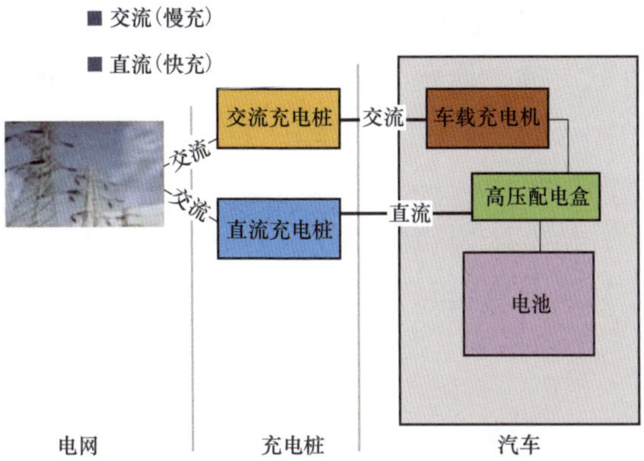

图2–2 电动车补电直流充电与交流充电对比

也只能是直流电。那么国家电网都是交流电，怎么让交流电变成直流电呢？简单来说就是用整流器，而之所以分为直流充电桩和交流充电桩，最主要的原因就是整流器的位置不一样。

首先汽车本身就有该整流器，交流充电桩在充电过程中只是输出了一个220V的电源给充电机，充电桩的功率不能超过汽车里面的电机功率，之后通过车载充电装置将电网中的交流电变成直流电给电池充电。不过受制于车内空间比较小，车载充电装置也不能太大，冷却系统比较难制造，所以通过交流电桩充电的方式比较慢，故一般家用或者安装在小区停车场等地。

而直流充电桩不一样，直流充电桩内带有一个整流器，直接将输出的电流转换成直流电给电池充电，而且由于没有空间的限制，则可以制造更大功率的整流器，充电效率自然也更高了，故一般直流充电桩安装在商业停车场或高速公路旁。目前绝大多数的电动车在使用直流充电时，都能做到30min充到80%的电量。

当然目前电池的充电方式其实远不止这些，尤其是随着科学技术的不断发展，高倍率电池技术、快充技术、无线充电等技术已经开始陆续发展起来了，电动汽车想要长足发展，解决充电问题是不可避免的，期待未来的充电技术能有更大的突破。

2.2 换电技术

换电其实就是更换电池技术，顾名思义就是把电动汽车上亏电的动力电池换成满电电池。这种操作也跟多年前手机没电，直接关机拆开机盖，快速地换一个满电电池的行为一样。不过和手机换电池不同，电动汽车的电池体积和质量更大，需要专业的换电设备，通常是在专业的换电站内完成，一般整个过程需要3～5min。和动辄半个小时以上的充电方式比起来，这种换电模式的效率简直碾压充电桩。常见的换电站主要由两部分组成：负责储存、检测、充电的电池仓和负责更换电池的换电区。换电区内包含用于支撑稳定车辆的换电平台和拆装电池的机械臂，电池传输带贯穿电池仓与换电区，用于快速、安全地传输电池到指定位置，如图2-3所示。

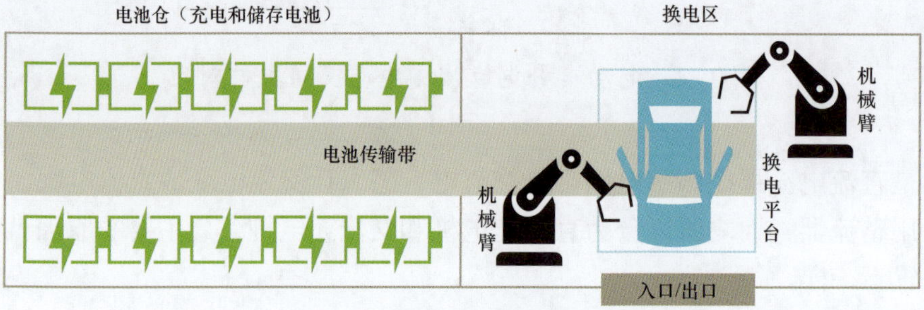

图2-3　换电站站内结构图

资料来源：艾瑞研究院根据公开资料及专家访谈自主研究绘制。

随着近年来新能源汽车迅速发展，充电模式诸多问题难以解决，推广受阻，政策逐渐倾向换电模式，自2019年国家相关机构发布多项政策鼓励开展换电模式应用，其中2019年颁布的《产业结构调整指导目录（2019年）》将换电技术路线明确加入鼓励发展项目。2020、2021年颁布的GB/T 40032—2021《电动汽车换电安全要求》和《2022年汽车标准化工作要点》推进换电产品、技术标准统一，推动国内换电市场发展。换电技术具有以下显著优点：

（1）协助电网调峰。换电站可以换电，同时也是一种能源站，在换电模式下，换电站可充分利用夜间0～7时的低谷电价对电池进行充电，一定程度上达到削峰填谷的作用，同时可利用低电价降低补能成本。

（2）降低配电容量。随着新能源汽车保有量增加，部分地区特别是老旧小区出现了充电桩安装难等问题。一般的家用慢充充电桩功率为7kW（快充充电桩功率在30/60/120kW，甚至更高），相当于一户住宅的配电容量。而老旧小区早期设计配电容量时未考虑对新能源汽车充电桩的大量预留，因此当小区内已有充电桩数量达到一定程度时，会出现配电容量不足的现象，进而限制新充电桩建设。解决这一问题，需要在早期设计阶段预留更多容量，或对小区进行电力增容改造，但会延伸出费用支出和支出义务归属等问题。由此，随着新能源汽车保有量和密度上升，私人充电桩建设瓶颈或逐渐显现，特别是一些大城市已经出现了类似矛盾，而此类场景需依托于公共充电桩建设或换电站建设来满足相应需求。

（3）土地集约利用。换电站如同加油站，除排队时间外，车辆驶入后基本不会额外花费时间停留。而充电站需要为每个桩位预留较大的土地面积，且车辆对车位的占用时长难以控制，例如2020年北京市关于公共类充电设施的舆情反映中，增设充电桩为第一大问题，其次即为燃油汽车或电动汽车占位问题，占舆情总量的21%。以奥动新能源4.0换电站为例，单站占地面积约150m^2，最多可服务3000辆汽车，折合每辆汽车占地面积0.05 ~ 0.5m^2。而当使用充电桩，每辆汽车占用的土地面积为12m^2，明显高于换电模式。由此，换电站对于城市特别是大城市的土地集约利用具有明显帮助。

（4）电池统一管理。换电模式下，电池由专业车企或第三方运营商进行统一管理和监测，能够提升对电池安全性的管理和控制，同时便于电池的梯级利用和回收，例如在新能源汽车领域循环使用寿命或电池衰减达到一定程度时，电池可在储能领域继续使用。由此，对于电池资源的整合、调配和管理，换电模式有助于实现资源优化配置，对社会存在正外部性。

（5）可以大大增加风电利用率。当前风能、太阳能各区域分布存在不均衡性，在西部有大量的清洁能源需要并网输送到亏电区，而目前协调入网是个难点，导致风电设备利用率大大降低，可以将换电站作为风电存储站，不仅可以提高能源利用率，同时也能加快车辆油改电的进度，提前完成“碳达峰”“碳中和”的伟大目标。

（6）换电技术具有补电速度快、自动化水平高、集成度高，电池统一管理等优点，它是当前解决新能源汽车充电时间长、充电桩数量有限、行驶里程焦虑、土地资源有限等问题的最有效解决方法，是加快推进车辆油改电、取消燃油车、将带来更多的新能源环保方面的革命。

当然换电模式也有一定的局限性，主要难点在于换电站建设成本高、换电标准难统一、普及难，而且前期的盈利难度大。也制约了换电模式的发展，未来，新能源汽车技术将会是充电模式和换电模式两种模式互补，不同应用场景选择合适的方式，才能有效发挥各自技术的特点。

2.3 技术路线比较

这几年，我国的新能源汽车发展在双碳政策和国家扶持下，已经开始快速发展起来了，从目前充电和换电的发展形势来看，各有特点和各有优劣势，两种模式的优劣势对比见表2-1和表2-2。

表2-1　充电技术的优劣势

优势	劣势
标准化高，目前充电接口规范全国已经统一	快充对电池有损害，减少电池使用寿命，而慢充时间太长，效率低
前期设备投入成本低，一般在停车场安装充电桩就能满足充电	需要占有较大的场地，一些城市停车场都不够用
操作简单，一般无需工作人员，驾驶员自行操作	电力增容问题，这个问题最难解决，老小区一般电力设施很难增容，无法安装充电桩，限制新能源汽车发展

表2-2　换电技术的优劣势

优势	劣势
保持电池实时监控，可以做到恒温慢充，环境全程控制，可以延长电池使用寿命	换电站建设周期长，投入成本高
从服务车辆数量相同的情况看，换电比充电占地小很多	企业和车企目前各自为战，标准无法统一，限制了换电的兼容性
自动换电，减少人工因素，同时换电时间短，3～5min换电，基本上做到与加油感觉差不多	换电对技术要求很高，自动换电目前故障率居高不下，也是制约换电发展的一个重要原因

从充电技术和换电技术的优缺点，不难看出，利用各自的优势，相互取长补短，才能将新能源汽车行业迅速发展起来。比如乘用车，以家庭车来说，只是上下班正常出勤使用，完全可以在停车场安装慢充，用以补电。而出租车、租赁车、商用车（如重卡、矿卡等），选择换电模式则是更优。

2.4　商业模式

2.4.1　整车销售模式

如图2-4所示，我国新能源汽车生产商采用的销售组织模式主要有以下几种：

（1）直营店销售模式。这种模式是指新能源汽车生产商通过自己的直营店销售产品，直接面向消费者。这种模式在中国的市场上比较常见，例如特斯拉、蔚来、小鹏等企业都采用了这种模式。

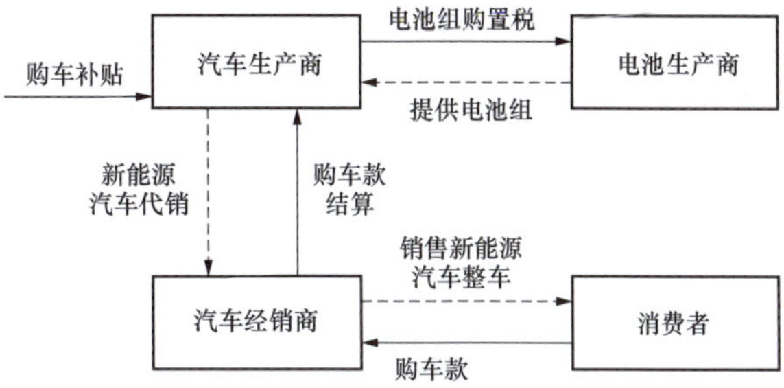

图2-4 整车销售模式的基本架构

（2）经销商销售模式。这种模式是指新能源汽车生产商通过与经销商合作，将产品交给经销商销售，经销商负责市场营销和售后服务等环节。我国许多国内汽车生产商都采用了这种模式，如比亚迪、吉利、广汽等。

（3）线上销售模式。这种模式是指新能源汽车生产商通过自己的官网或电商平台进行销售，消费者可以直接下单购买。这种模式在我国的新能源汽车市场上越来越普及，例如蔚来、小鹏等企业都采用了这种模式。

2.4.2 租赁模式

租赁模式是指新能源汽车生产商通过自己的租赁平台，将产品租赁给消费者使用，租赁费用包括车辆使用费、保险费、维护费等。我国一些新能源汽车生产商也采用了这种模式，例如蔚来、威马、小鹏等。

在国外，新能源汽车生产商采用的销售组织模式有多种，以下是一些典型的例子：

（1）美国 特斯拉（Tesla）。特斯拉采用了直营店的模式，在全球范围内开设了大量的直营店和展厅，消费者可以直接在这些门店购买特斯拉的电动汽车。此外，特斯拉还提供了网上购车、定制等服务。

（2）德国 奔驰（Mercedes-Benz）。奔驰采用了经销商模式，在全球范围内设有众多的经销商，消费者可以在这些经销商处购买奔驰的电动汽车。此外，奔驰还提供了网上购车、定制等服务。

（3）瑞典 Polestar。Polestar是沃尔沃汽车旗下与吉利的全新电动汽车品牌，采用了线上直销的模式，消费者可以在Polestar的官网上直接购买电动汽车，也可以通过Polestar的线下体验店进行试驾和购买。

（4）韩国 现代（Hyundai）。现代采用了直营店和经销商相结合的模式，在全球范围内设有大量的直营店和经销商，消费者可以在这些门店购买现代的电动汽车。此外，现代也提供了网上购车、定制等服务。

该模式基本构架包括两种方式：

（1）整车租赁模式，如图2–5所示。

（2）裸车销售+电池租赁模式（车电分离），如图2–6所示。该模式基本构架为消费者从整车生产企业购置不包含动力电池的裸车，由能源供给服务企业出资建设充换电基础设施，并从电池生产企业租赁动力电池，对电池进行统一管理。

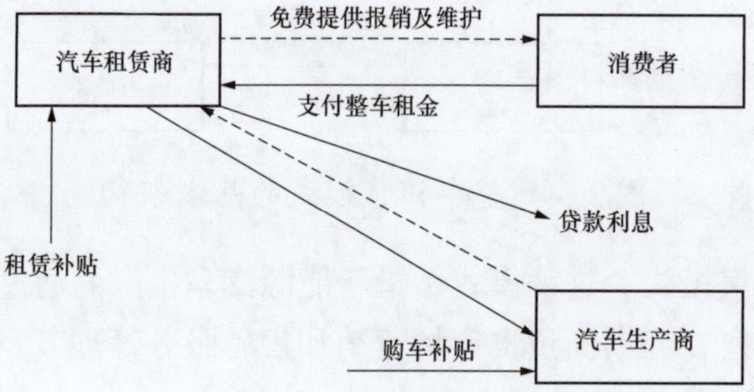

图2–5　整车租赁模式的基本架构

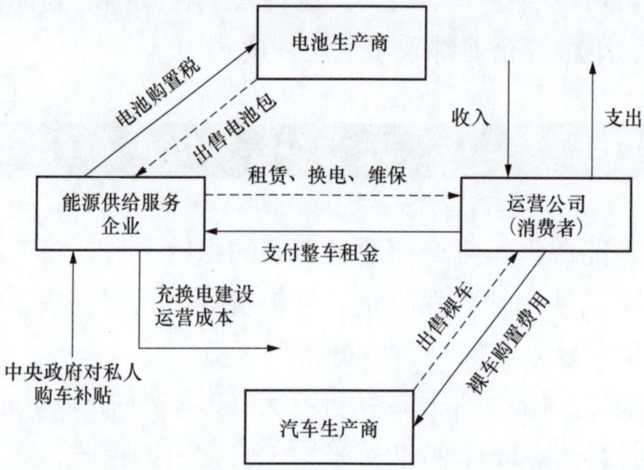

图2–6　裸车销售+电池租赁模式的基本架构

2.4.3 融资租赁模式

如图2–7所示，融资租赁是指出租人根据承租人对租赁物件的特定要求和对供货人的选择，出资向供货人购买租赁物件，并租给承租人使用。

此外，还有针对汽车产业链上下游企业、相关科研单位和高校、普通消费者的定向购买模式，以及“车电分离、融资租赁、充维结合”模式的组合式商业模式，专业化分工更明确、社会化合作更紧密，更加集约化，实现产业链风险最小、总成本最低，多方共赢。

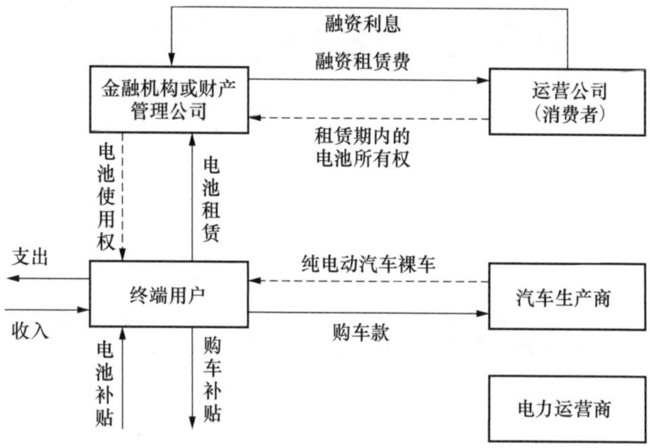

图2-7　融资租赁模式的基本架构

第3章 换电产业发展概述

3.1 总体发展趋势

近年，新能源汽车充电难、里程焦虑、补能便利度差等问题频频冲上热搜。充电桩充电作为新能源汽车目前最主流的补能方式，由于其充电时间长、速度慢、充电桩资源分配不合理等问题被众多新能源车主诟病。相比之下，换电模式的补能速度快，可在短时间内满足多位车主的补能需求，理论上是比充电桩充电更好的补能方式，但由于建设周期长、投资大、前期盈利低等因素制约了换电模式产业的发展。那么换电产业在国内到底是否有发展，在此之前需要重点关注两个问题：一是换电模式的必要性；二是推行换电的可行性。

近年充电桩建造速度远低于新能源汽车新增速度，新能源汽车补能需求敞口逐渐扩大，如图3-1所示。由于受到车位、电网容量、社区物业管理等方面的限制，部分新能源车主无法安装私人充电桩，因此公共充电桩的保有量在很大程度上能够反映新能源汽车补能的便利程度。自2016年起，国内公共充电桩及新能源汽车保有量均呈现上升趋势，除2020年受疫情影响，新能源汽车保有量增速放缓外，近年新能源汽车新增速度持续超过公共充电桩的建造速度，这意味着随着新能源汽车行业的发展和普及度的提升，新能源汽车补能需求敞口会越来越大，市场对补能的需求为换电模式的发展提供了契机。

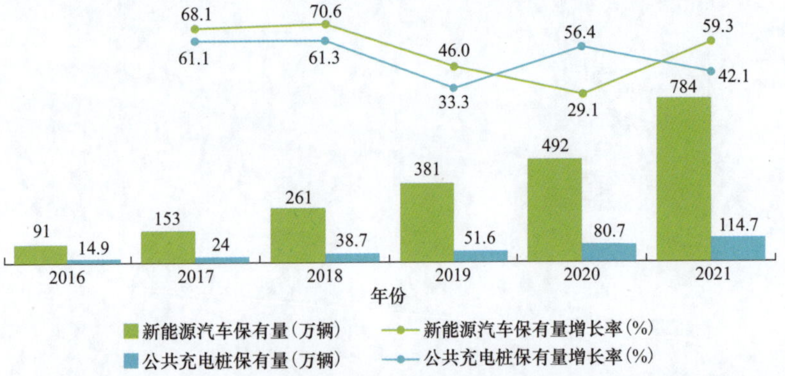

图3-1　2016—2021年我国新能源汽车及公共充电桩保有量和增速情况

换电模式更贴合B端市场需求，电动汽车在B端的广泛应用将推动换电模式普及。《打赢蓝天保卫战三年行动计划》等推广新能源汽车使用计划及换车补贴政策的出台，促使新能源汽车在出租车、网约车市场得到了广泛的应用。如图3-2所示，2021年纯电动汽车成为国内限行、限购地区运营车辆的主流车型，分别占69.2%和52.3%。支持换电模式的纯电动汽车极大地缩短了运营车辆的补能时长，留出更多的时间以保证车辆每天的正常运营。并且部分运营车辆采用“车电分离”的销售模式，进一步降低了车主的购车、换车成本，在日常使用的过程中车主也无需担心电池维护、贬值等问题。因此，换电模式更贴合B端市场的使用需求，随着新能源汽车在出租车、网约车、公交车等领域的进一步推广，将推动换电模式的普及应用。

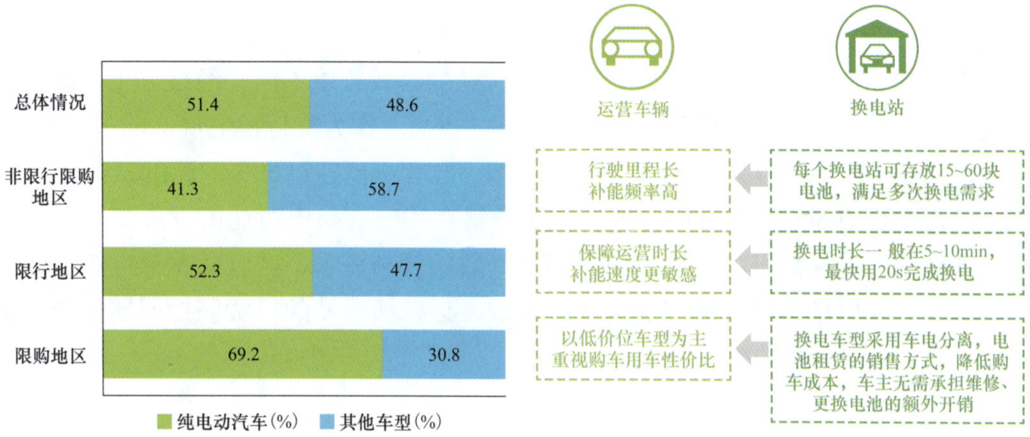

图3-2　2021年B端出租车、网约车车型种类占比情况

新能源汽车购置补贴政策逐年削弱，换电车型“车电分离”模式价格优势凸显。为了促进新能源汽车的普及应用，我国自2009年起开始推行新能源汽车购置补贴政策，这在一定程度上减轻了消费者的购车负担，短时间内有效地提升了新能源汽车的市场渗透率。随着新能源汽车市场逐渐成熟，市场进入了由政策驱动转向市场驱动的行业发展转换期，新能源汽车购置补贴开始逐年削弱，在2020—2022年期间，购置补贴标准分别在上一年的基础上退坡10%、20%、30%，并将于2022年12月31日终止新能源汽车购车补贴政策，新能源汽车的价格优势将被逐步削弱。

与“车电合一”的充电型新能源汽车不同，支持换电模式的新能源汽车大都是采用“车电分离，电池租赁”的销售方式，将占制造成本40%～50%的动力电池由售转租，这意味着消费者在购车时无须承担电池的成本，极大地降低了购车负担，并且由于车价中不含极易贬值的动力电池，换电车型有更好的保值效果和性价比。因此，在新能源汽车购置补贴缩水的情况下，换电型新能源汽车的价格优势将逐渐凸显，如图3-3所示。

从目前新能源汽车的发展、市场的需求和政策的调整角度看，换电车型能够顺应行业发展和市场需求，在国内新能源汽车市场推行换电模式有一定的必要性。

纯电动汽车市场接受度提升，换电模式发展的环境改善。如图3-4所示，与

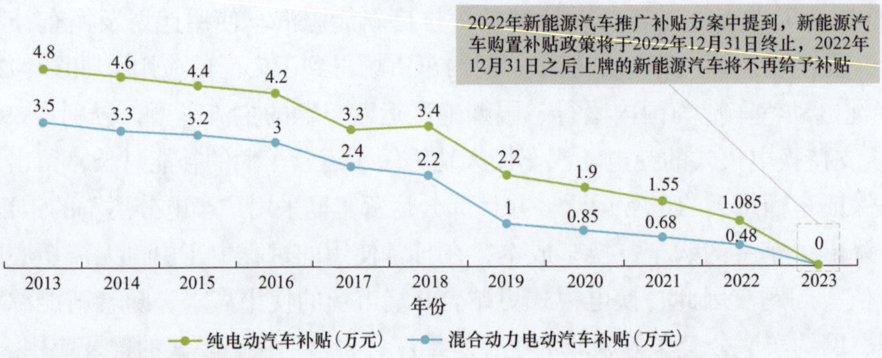

图 3-3 2013—2021 年我国新能源汽车平均补贴金额

2012年国家电网推行新能源汽车换电模式所处的时代背景不同，经过近十年的应用与发展，新能源汽车的市场普及度有了显著的提高。作为支持换电模式的主流车型，纯电动汽车的保有量自2015年以来逐年递增，涨幅一度超过50%，到2021年，国内纯电动汽车保有量已达到640万辆。充足的潜在用户为换电行业的发展提供了更好的外部环境，能够满足换电站运营对用户基数的较高需求，并且随着换电用户的进一步提升，换电站的边际成本也会逐步递减，运营换电站的投资回报周期也会随着用户和潜在用户基数的提升而缩短。

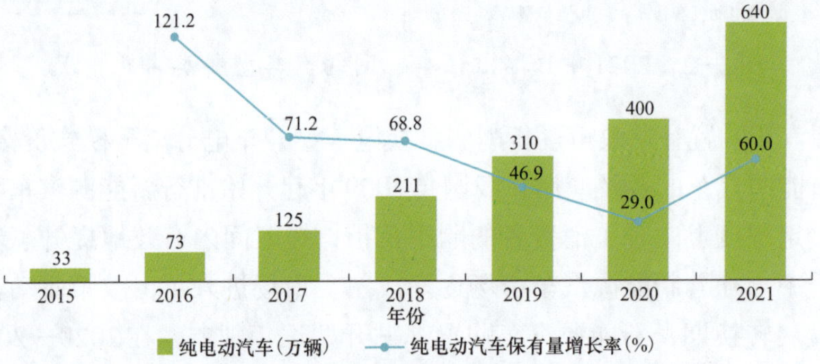

图 3-4 2015—2021 年我国纯电动汽车保有量

近年国家出台多项政策助力换电行业发展。如图3-5所示，自2020年以来，国家陆续出台了多项利好于换电模式发展的政策，包括继续补贴售价超30万元以上的换电车型、加强换电设施建设、启动换电应用试点等政策，促进了换电技术的创新和应用。2021年11月国家市场监督管理总局批准发布了《电动汽车换电安全要求》，对于支持换电模式的新能源汽车安全标准做出规定，包括制定了整车的换电操作、道路行驶和车辆防水要求，以及动力电池包的震动、机械冲击及电气要求，并规定了换电模式的使用极限工况。与之前2012—2019年期间所处的环境背景不同，如今的新能源汽车换电模式有更全面的政策支持和安全标准，政策环境有了明显的改善。

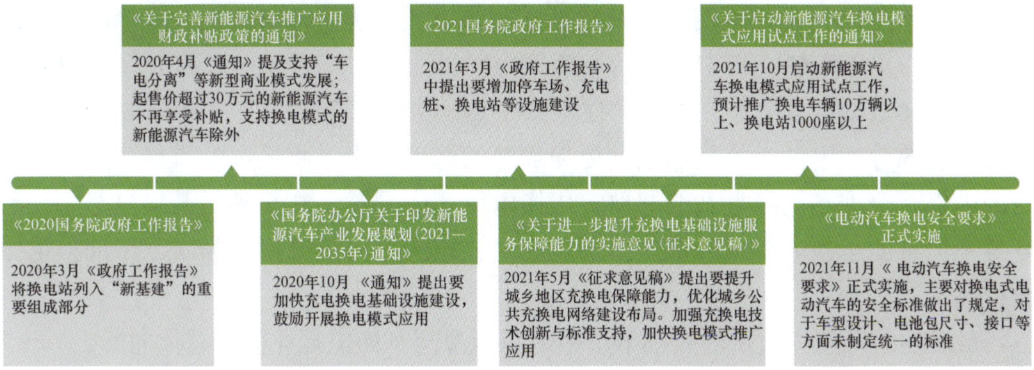
《关于完善新能源汽车推广应用财政补贴政策的通知》
2020年4月《通知》提及支持“车电分离”等新型商业模式发展；起售价超过30万元的新能源汽车不再享受补贴，支持换电模式的新能源汽车除外
《2021国务院政府工作报告》
2021年3月《政府工作报告》中提出要增加停车场、充电桩、换电站等设施建设
《关于启动新能源汽车换电模式应用试点工作的通知》
2021年10月启动新能源汽车换电模式应用试点工作，预计推广换电车辆10万辆以上、换电站1000座以上
《2020国务院政府工作报告》
2020年3月《政府工作报告》将换电站列入“新基建”的重要组成部分
《国务院办公厅关于印发新能源汽车产业发展规划（2021—2035年）通知》
2020年10月《通知》提出要加快充电换电基础设施建设，鼓励开展换电模式应用
《关于进一步提升充换电基础设施服务保障能力的实施意见（征求意见稿）》
2021年5月《征求意见稿》提出要提升城乡地区充换电保障能力，优化城乡公共充换电网络建设布局。加强充换电技术创新与标准支持，加快换电模式推广应用
《电动汽车换电安全要求》正式实施
2021年11月《电动汽车换电安全要求》正式实施，主要对换电式电动汽车的安全标准做出了规定，对于车型设计、电池包尺寸、接口等方面未制定统一的标准

图3-5 助力换电行业发展的相关政策

车企参与度提升，技术环境的改善解决换电行业固有难题。如图3-6所示，不同于以往车企参与度低、积极性差的情况，如今越来越多的汽车制造商、动力电池生产商加入了新能源汽车换电阵营，利用自身在本领域的优势推出新产品、新技术，力图解决新能源汽车换电过程中遇到的难题。比如，传统的新能源汽车不需要频繁拆卸动力电池，所以需要频繁拆卸电池的换电模式对于固定电池箱的螺栓提出了更高的要求，为了解决这一难题，蔚来汽车推出了Bayobolt螺栓和浮动螺母，在提高安全性的同时，零件还有很高的适配性，可灵活应用于多种车型。吉利汽车也推出了适用范围更广的GBRC换电平台，降低了新势力车企的造车门槛。宁德时代下属子公司时代电服推出了“巧克力换电块”，通过规范小单元换电块和按需租用的方式，力图解决换电电池标准化的问题。

蔚来汽车
吉利汽车
CATL 宁德时代
螺栓
反向螺纹
浮动螺母
•Bayobolt---反向螺纹
螺栓的尾部使用反向螺纹圈，即使螺栓松动，也能够被反方向卡住。
•浮动螺母
螺母的四周预留±4mm的浮动空间，以匹配不同螺栓的位置，消除不同车身、不同电池包及不同换电站之间的公差。
•GBRC换电平台
(Global Battery Rapid Change)吉利汽车推出的GBRC换电平台可为轴距在2700~3100mm的车型换电，涵盖了A~D级中大多数车型；造车新势力可以借助GBRC平台，以较低的成本生产制造自己的换电车型。
宁德时代子公司时代电服推出换电服务品牌EVOGO乐行换电
•巧克力换电块
一电多车，可适用于从A00级到B级、C级的乘用车以及物流车；可实现按需租电，充换结合，提高补电自由度；内含无线BMS技术，外部只有高压正负接口，提高插拔部件的可靠性。

图3-6 换电相关技术的革新与进步

换电站选址方式提升，以用户便利度为导向的选址方式有较强的针对性。在以往的失败经验中，经营者很少关注换电站选址问题，换电站大多分散在多个城市甚至多个国家中，作为宣传换电模式的示范点或体验点，虽然这是一种不错的宣传方式，但由于缺少合理的选址逻辑，使得在一个城市中的换电站难以形成规模，换电模式无法真正落地服务于日常生活。当前换电站的运营商对于换电站选址更加重视，核心的选址逻辑是要方便用户的日常补能需求，比如服务于B端运营车辆的换电站选址主要布局于车辆交接点和运营车辆等待区（如车站、商场入口等），而服务于C端车辆的换电站更多分布在车主的住宅区（如蔚来的“电区房”）、办公场所和购物中心，有部分换电站会依托加油站更加成熟的选址逻辑，将换电站直接建造在加油站的内部。合理布局换电站能够在宣传换电模式的同时，真正地提升换电车主便利度，不但有助于换电模式的推广，还能通过合理的布局提升换电频次，帮助换电站维持运营。

最后在结合双碳政策的鼓励下，中国新能源汽车换电行业前景总体向好。

3.2 乘用车换电

乘用车指的是载运乘客及其随身行李或临时物品的乘员数不超过9人（含驾驶员）的汽车，涵盖了轿车、多用途车（MPV）、运动型多用途车（SUV）、专用乘用车、微型客车等。乘用车换电就是解决此类型车进行快速补电。目前，乘用车换电模式技术路线主要有三种，分别是电池包整体式换电、电池包分箱式换电和移动换电车换电。

3.2.1 电池包整体式换电

电池包整体式换电是对动力电池包进行整体更换的换电方式。整车搭载的动力电池包是一个整体，通常位于整车底部，在整车底部进行换电操作，因此又称底盘换电。目前主流的换电企业基本上都是采用底盘整体式换电，如蔚来、北汽、吉利、广汽、奥动等。

底盘整体式换电作为主流，具有技术相对简单、电池包在底部不影响整车美观、成本较低等优点，但底盘整体式换电目前有一个致命的问题就是电池统一标准化，可以看出，采用此类方式的基本都是各主机厂，而各主机厂根据自身技术的发展及汽车大小类型的不同，底盘机构尺寸大小都各不相同，这也就无法将电池系统统一标准化，同时加上各个企业之间技术壁垒，各自为战，导致目前市面各主机厂汽车无法兼容到其他汽车换电。

3.2.2 电池包分箱式换电

电池包分箱式换电是对动力电池分开更换的换电方式。整车搭载多个相互分开的动力电池箱，且电池箱通常被设计成规格一致的标准电池箱，实现电池箱之间的互换操作。

如图3-7所示，这种模式最主要的优势在于标准化，制定一个标准电池系统，再根据车辆大小以及运营场景不同，安装不同数量的电池系统。这种模式可以兼容到市场不同车型、不同厂家。但缺点是技术含量高、成本较高等。主要代表公司为CATL。

图3-7 电池包分箱式换电模式示意图

三种换电模式技术特点见表3-1。

表3-1 三种换电模式技术特点

换电模式	电池包整体式换电	电池包分箱式换电	移动换电车换电
自动化程度	全自动	全自动、半自动、人工	人工
换电时间	1 ~ 3min	1 ~ 3min	>5min
技术要求	高	高	低
兼容车型	少	多	少
换电成本	高	低	高
应用规模	高	高	低
发展潜力	高	高	低

电池包整体式换电和电池包分箱式换电是一种固定式换电，移动换电车换电则是非固定式换电。乘用车主要采用电池包整体式换电和电池包分箱式换电，商用车主要采用电池包分箱式换电。移动换电车换电作为电池包整体式换电和电池包分箱式换电技术的一种补充，应用较少。

3.2.3 移动换电车换电

移动换电车换电是指采用车辆先将满电电池运送至需要换电的车辆处，再进行电池更换的换电方式。这种模式是在换电行业前期时产生的，是一种换电技术不成熟时期的过渡方式，已经不再采用了。

以上分析了三种换电模式，乘用车换电技术最核心的是快换锁止系统，目前市面上有螺旋式锁止系统、涨紧销式锁止系统和连杆锁柱式锁止系统。

螺旋式锁止系统如图3-8所示，代表企业为蔚来汽车，技术路线采用螺旋式回转锁紧。优点是锁紧安全可靠。缺点是锁紧头受反复拧紧使用寿命短，解锁设备成本偏高。

涨紧销式锁止系统如图3-9所示，代表企业为吉利汽车，技术路线采用机械行业内传统的快速锁销形式。优点是成熟可靠，缺点是用钢珠或钢柱锁住，接触面小，在多点布置时需要电池包箱体精度高，换电设备精度高。

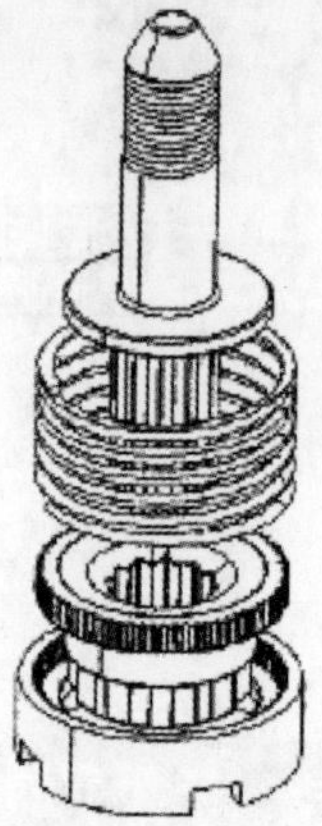

图3-8　螺旋式锁止系统

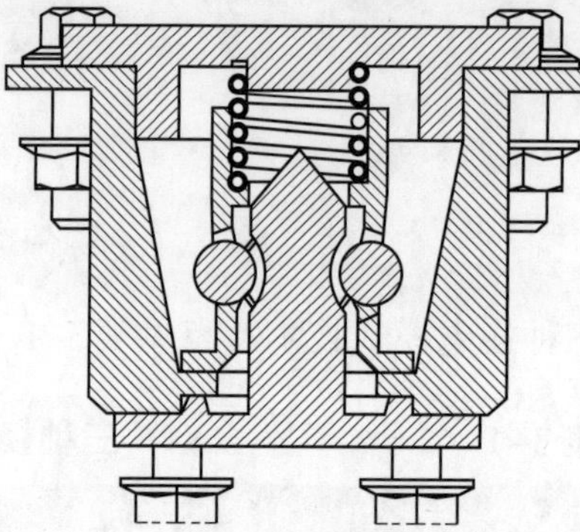

图3-9　涨紧销式锁止系统

连杆锁柱式锁止系统如图3-10所示，代表企业为北汽新能源、奥动新能源，技术路线是电池包向上后再平移，锁柱平移到金属槽内，再利用死点挡住锁柱。优点是成本低，缺点是并不能成为锁止结构，保障锁柱能移动需要金属槽有间隙，同时采用胶垫代替压紧力，增加了风险，锁柱过多后，解锁和锁止困难，同时有效接触面少，实际应用中已经发生掉落事故。

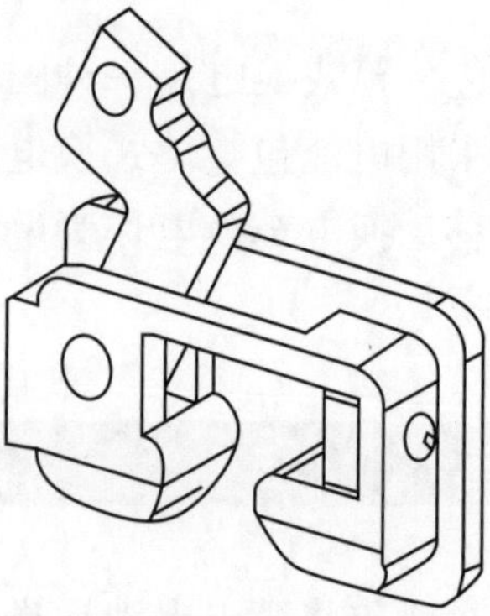

图3-10　连杆锁柱式锁止系统

3.3 商用车换电

商用车包括载货汽车和9座以上的客车，涵盖皮卡、微卡、轻卡、中卡、重卡、微客、自卸车、牵引车、挂车，专用车等。以重卡为例，根据公安部及中国汽车流通协会，截至2022年6月底，汽车保有量为3.10亿辆，估算其中乘用车保有量约为2.6亿辆，商用车保有量约为4000万辆以上。商用车中，重卡数据中包括半挂牵引车、重型货车、重型货车非完整车辆等，根据广发汽车小组2022年中期策略报告，全国重卡保有量不小于960万辆。据此估算重卡保有量约占商用车保有量的24%、约占整体汽车保有量的3%。据中汽协，2017—2022年5月的重卡销量占商用车比例维持在23%~32%区间，普遍高于存量的24%。2017—2022年5月的重卡销量占汽车总销量比例维持在3.4%~6.4%区间，普遍高于存量的3%。重卡作为交通运输业的重要载体，其占比不断提升。

柴油在不同能源类型中碳排放因子最高。根据ICET，不同能源碳排放因子不同，其中，重卡采用的柴油终端排放因子为2.80，高于汽油的2.42。同等消耗下，重卡碳排放量高于以汽油为燃料的汽车。重卡以柴油为主要燃料，体现出高油耗特征。对比不同类别车辆油耗，重卡燃油消耗量位居首位，据ICET，主要商用车类别中重卡及半挂牵引车油耗远超其他车型，平均超过35L/100km，同类轻卡则不到10L/100km，与多数私家车在相同量级。此外，与其他汽车相比，重卡油耗高，行驶里程也更高，总体二氧化碳排放量规模更大。

重卡平均单位行驶里程碳排放量远高于其他车型。基于年平均行驶里程、平均油耗等指标，测算出重卡车型的平均单位行驶里程碳排放量远高于其他车型，例如半挂牵引车单位里程碳排放量高达1224g，而私家车排放水平仅在200g左右，与轻卡（轻型货车）在同一数量级。承运各类重型负载是重卡行驶里程、平均油耗双高的主要原因。重卡细分车型中的牵引车一般用于和半挂车组合，承运各种负载需求，多用于长途货运；整体式货车与自卸式货车多用于城市渣土、矿石等运输，两类车型实质类似，区别在于自卸式货车带有液压升降系统。通常各类重卡需要承受较大负载任务，且多进行百公里以上的中长距离运输，需要更多燃料提供足够动力。

从全年碳排放角度来看，简单测算乘用车、重卡及非重卡商用车三类车型碳排放水平，总体来看，重卡保有量虽仅占整体汽车保有量的3%左右，但其二氧化碳排放量约占整体汽车的47%。未来新能源重卡推广对降低二氧化碳排放量的重要性逐步凸显。图3-11所示为换电版牵引车。

2019年以来国内电动重卡逐步开始销售，为实现换电模式在“重载、高频”交通细分领域的大规模市场化应用，如图3-12所示。我国换电重卡市场上已涵盖34款

图 3-11　换电版牵引车

换电重卡、铲车、叉车等工程机械产品，全方位匹配电厂、港口、钢厂、矿区、城市渣土、水泥搅拌等场景的电动化应用需求。在一次运距较短、作业时间有间歇性、环保要求较高的场合，换电重卡正在逐步推广并迅速扩大。

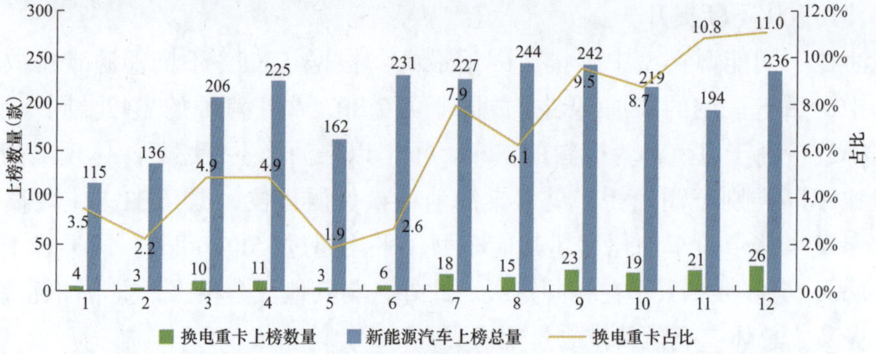

图 3-12　2021 年第 1～12 批换电重卡车型数量及占比情况

根据工信部2021年全年的《新能源汽车推广应用推荐车型目录》数据，换电重卡推荐车型款数呈现出整体大幅上升趋势，下半年总推荐车型122款，远高于上半年的37款，预示着换电模式可能会成为未来纯电动重卡克服续航里程和充电时间等短板的主要路径之一。目标用途方面，在第12批次的数据显示（见图3-13），上榜的换电牵引车13款，占比半壁江山，居第一；换电自卸车上榜7款，占比27%；搅拌车和自卸式垃圾车均上榜3款，占比均为11.5%。

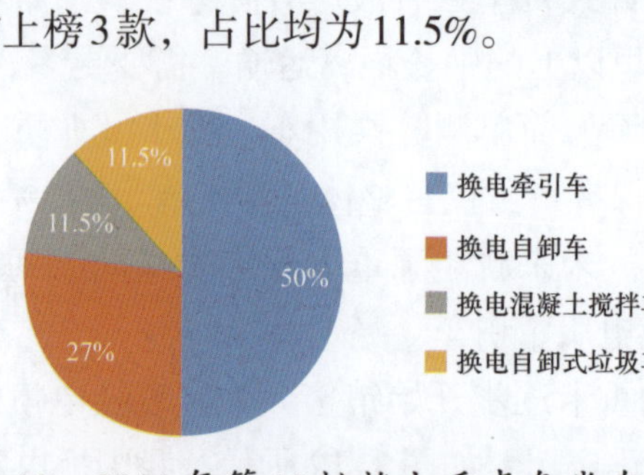

图 3-13　2021 年第 12 批换电重卡各类车型数量

3.4 商用车换电场景分析

3.4.1 时代背景

2020年《政府工作报告》中，换电站成为新基建的重要组成部分，并首次被写入政府工作报告。2021年的《政府工作报告》，将“建设充电桩”扩展为“增加充电桩、换电站等设施，加快建设动力电池回收利用体系”。而在2022年的政府工作报告中，将绿色能源的发展及绿色电能的消纳进行了行业细分，侧重体现交通运输等传统高能耗、高排放的“双高”行业，号召积极响应“双碳”控制目标。

下附2020—2022年三年的政府工作报告对应内容摘录。

新华社北京5月29日电

政府工作报告

——2020年5月22日在第十三届全国人民代表大会第三次会议上

国务院总理 李克强

五、实施扩大内需战略，推动经济发展方式加快转变

我国内需潜力大，要深化供给侧结构性改革，突出民生导向，使提振消费与扩大投资有效结合、相互促进。

推动消费回升。通过稳就业促增收保民生，提高居民消费意愿和能力。支持餐饮、商场、文化、旅游、家政等生活服务业恢复发展，推动线上线下融合。促进汽车消费，大力解决停车难问题。发展养老、托幼服务。发展大健康产业。改造提升步行街。支持电商、快递进农村，拓展农村消费。要多措并举扩消费，适应群众多元化需求。

扩大有效投资。今年拟安排地方政府专项债券3.75万亿元，比去年增加1.6万亿元，提高专项债券可用作项目资本金的比例，中央预算内投资安排6000亿元。重点支持既促消费惠民生又调结构增后劲的“两新一重”建设，主要是：加强新型基础设施建设，发展新一代信息网络，拓展5G应用，建设数据中心，增加充电桩、换电站等设施，推广新能源汽车，激发新消费需求、助力产业升级。加强新型城镇化建设，大力提升县城公共设施和服务能力，以适应农民日益增加的到县城就业安家需求。新开工改造城镇老旧小区3.9万个，支持管网改造、加装电梯等，发展居家养老、用餐、保洁等多样社区服务。加强交通、水利等重大工程建设。增加国家铁路建设资本金1000亿元。健全市场化投融资机制，支持民营企业平等参与。要优选项目，不留后遗症，让投资持续发挥效益。

新华社北京3月12日电

政府工作报告

——2021年3月5日在第十三届全国人民代表大会第四次会议上

国务院总理 李克强

（四）坚持扩大内需这个战略基点，充分挖掘国内市场潜力。紧紧围绕改善民生拓展需求，促进消费与投资有效结合，实现供需更高水平动态平衡。

稳定和扩大消费。多渠道增加居民收入。健全城乡流通体系，加快电商、快递进农村，扩大县乡消费。稳定增加汽车、家电等大宗消费，取消对二手车交易不合理限制，增加停车场、充电桩、换电站等设施，加快建设动力电池回收利用体系。发展健康、文化、旅游、体育等服务消费。鼓励企业创新产品和服务，便利新产品市场准入，推进内外贸产品同线同标同质。保障小店商铺等便民服务业有序运营。运用好“互联网+”，推进线上线下更广更深融合，发展新业态新模式，为消费者提供更多便捷舒心的服务和产品。引导平台企业合理降低商户服务费。稳步提高消费能力，改善消费环境，让居民能消费、愿消费，以促进民生改善和经济发展。

政府工作报告

——2022年3月5日在第十三届全国人民代表大会第五次会议上

国务院总理 李克强

（八）持续改善生态环境，推动绿色低碳发展。加强污染治理和生态保护修复，处理好发展和减排关系，促进人与自然和谐共生。

加强生态环境综合治理。深入打好污染防治攻坚战。强化大气多污染物协同控制和区域协同治理，加大重要河湖、海湾污染整治力度，持续推进土壤污染防治。加强固体废物和新污染物治理，推行垃圾分类和减量化、资源化。完善节能节水、废旧物资循环利用等环保产业支持政策。加强生态环境分区管控，科学开展国土绿化，统筹山水林田湖草沙系统治理，保护生物多样性，推进以国家公园为主体的自然保护地体系建设，要让我们生活的家园更绿更美。

有序推进碳达峰碳中和工作。落实碳达峰行动方案。推动能源革命，确保能源供应，立足资源禀赋，坚持先立后破、通盘谋划，推进能源低碳转型。加强煤炭清洁高效利用，有序减量替代，推动煤电节能降碳改造、灵活性改造、供热改造。推进大型风光电基地及其配套调节性电源规划建设，加强抽水蓄能电站建设，提升电网对可再生能源发电的消纳能力。支持生物质能发展。推进绿色低碳技术研发和推广应用，建设绿色制造和服务体系，推进钢铁、有色、石化、化工、建材等行业节能降碳，强化交通和建筑节能。坚决遏制高耗能、高排放、低水平项目盲目发展。提升生态系统碳汇能力。推动能耗“双控”向碳排放总量和强度“双控”转变，完善减污降碳激励约束政策，发展绿色金融，加快形成绿色低碳生产生活方式。

发布时间：2022-03-13　　信息来源：新华社

在“双碳”目标背景及2022年政府工作报告中可以看出，国家相关部委也多次发文力推换电模式，且动力电池及储能（EV&ES）巨头宁德时代也入场进行换电站建设，则在一定程度上提振了行业对换电模式的信心与期待。目前业界认为，相对乘用车，换电模式更适合在商用车领域推广。

3.4.2 应用终端需求

纯电动乘用车客户更多为城市高收入群体，追求实实在在的用车感受，但鉴于人群居住分布距离较大，需要大量的换电站才可以维持良好的换电需求，而高投入的换电站建设是无法满足客户追求的换电便捷性体验的，且高投入意味着客户的换电成本会急速增加，退而选择充电方式满足日常的充电需求，如图3–14所示。而对于商用车而言，其运输场景分为短途、中途、长途运输，运输业距离分类见表3–2。

表3-2　　运输业距离分类表（汽车行业运输分类）

类型	距离 d（km）
短途	$d<50$
中途	$50\leqslant d<200$
长途	$d\geqslant 200$

（a）矿区重载短途

（b）城区物资配送中途

（c）跨区运输长途

图3-14　汽车行业运输分类

表3-3作为主流的商用车分类及能耗分析，可以看出摆在人们面前急需解决的如何根据不同场景选择最适的补能方式，针对高能耗或者高频或者长距离运输场景，换电是最快捷、提质运输的方式。而较短距离且在运输频次较低场景下，选择充电或者换电均可以解决续航问题。

表3-3　　车辆续航里程简要分析

车辆类型	主流电池配置	市场平均能耗	续航里程分析
矿区自卸车	423kWh	8kWh/km	正常情况45km左右。冬季续航会缩短至70%左右，较大影响作业节奏
城区配送车	30~60kWh	15kWh/100km	不同车型，电池电量配置不同，续航里程不同。但考虑到电池容量加大，购车成本大幅增加，伴随补贴停止，综合考虑选择小容量动力电池，进行充电或者换电策略解决续航需求
跨区牵引车	282kWh	2.1kWh/km	120km左右，考虑到长途运输场景，续航里程严重不足。结合运营节奏需要，采用换电办法倍增续航里程

针对上述的问题，国内各省份也意识到推动新能源发展制约的瓶颈所在，纷纷推出解决新能源换电站的建设规划，表3-4为部分省份或城市2022年的建设目标。

表3-4　　2022年以来各省（市）换电站建设目标（部分）

地域	政策文件	内容
上海	《关于本市进一步推动充换电站基础设施建设的实施意见》	探索优势领域换电服务共享模式。加快制定换电车型、换电设备、换电场站建设等地方标准，打破换电技术跨品牌、跨车型应用壁垒，推动在专用车辆和乘用车等主要应用领域形成统一的换电标准。加强技术攻关，围绕港口、物流、环卫等短途、高利用率场景，研究布局专用车辆共享换电站。探索城市内部出租车、网约车与私家车共享换电模式，鼓励充换电一体化共享场站建设
宜宾	《宜宾换电模式推广应用试点方案》《重卡全域电动化研讨会》	2022—2025年，宜宾市建成60座重卡换电站：2022年6月前，核心示范区新建重卡换电站5座以上；到2025年，核心示范区（中心城区）重卡换电站达到37座，加快发展区（郊县）重卡换电站23座。为实现电动重卡推广应用目标，2022—2025年，宜宾市计划推广应用电动重卡达到3000辆，其中，2022年推广400辆、2023年推广700辆、2024年推广1000辆、2025年推广900辆
河南	《关于进一步加快新能源汽车产业发展的指导意见》	到2025年，建成集中式充（换）电站5000座以上，除应急车辆外，全省公交车、巡游出租车以及城市建设城区的渣土运输车、水泥罐车、物流车、邮政用车、环卫用车、网约出租车基本使用新能源汽车；重型载货车辆、工程车辆绿色替代率达到50%以上
山东	《关于推动城乡建设绿色发展若干措施的通知》	到2025年，建成各类充换电站8000座、充电桩15万个。除保留的必要应急救援和抢险救灾车辆外，新增和更新公交车中占比达到100%，中心城区平均服务半径小于5km的公共充换电网络基本形成
福建	《福建省新能源汽车产业发展规划（2022—2025年）》	围绕港口、城市转运等场景，支持建设布局专用换电站，加快车电分离模式探索和推广。探索出租、物流运输等领域的共享换电模式
青海	《青海省“十四五”能源发展规划》	发展新能源汽车装备制造、充换电相结合的新能源汽车产业生态链，构建新能源汽车充电换电新商业模式，引导鼓励长途客车、货车、矿山用车、家庭用车清洁能源替代，大幅降低运输成本，提高清洁能源消纳水平
甘肃	《关于印发甘肃省新能源汽车产业发展实施意见的通知》	鼓励开展换电模式应用，适度超前建设省内高速服务区，普通国省干线服务区、客运站和大型公共停车场快充为主，慢充为辅及换电相结合的公共充换电网络
河北	唐山市电动重卡换电站专项规划（2021—2025年）	（1）充分与城市总体规划和片区控制规划相结合； （2）点、线、面合理布局第四代、第五代和第六代换电站； （3）合理控制间距、确保安全； （4）近远期结合发展； 已经制定较为详细的近5年规划，重点涉及换电站的建设

从各城市规划中，不难看出目前的共同关注点是在如何像内燃机汽车一样可以快速获得能量补给，保证持续稳定的工作节奏。

因此，应该着重在港口、钢厂、矿山、城市内部等应用场景和资源优势，聚焦新能源重卡试点示范，加快推动解决纯电动重卡存在的充电时间长、续驶里程不足、购置成本高、运输效率低、动力电池寿命衰减严重等多方面问题，形成特色化、规模化的换电重卡特色试点示范，支持对地方贡献大、综合实力强、有开发经验的企业集中连片开发，推动技术进步和成本下降。

3.4.3 企业重点布局

作为国内无可争议电池巨头——宁德时代也选择重卡作为首个换电业务的落地项目，选择重卡的原因有两个：一是相比纯电动乘用车来说，重卡换电是场景清晰、需求刚性的市场；二是充电慢、充电难、续航短等因素严重影响了纯电动重卡的运营效率，而换电模式可以很好地解决这些问题，尤其是那些运行路线、运营场所相对固定的场景。

纯电动重卡的固定式换电站需要大量的基建工作及成本，另需要配套大容量的二次配电设备来满足长期的扩容计划，换电方式采用顶部悬吊，其对车辆定位要求精准，客观局限因素较多，例如：辐射范围有限，纯电动汽车本身里程较短，作业半径较小；基建需要考虑自然条件较多，雨水、地势地貌等；选址需要精准，若前期规划出现变动，容易造成建设浪费，有站无车换电的窘境。

图3–15所示为蔚来乘用车底盘换电固定式换电站，服务于内部体系下专用换电站，其运营及投资成本过大，实际回收取决于实际有效在用车辆的规模及服务费的收取。属于某种程度的闭环运行模式。

图3–15 蔚来乘用车底盘换电固定式换电站

3.4.4 新型换电方案

针对固定式换电站的种种弊端，现在出现一种新的换电形式，即移动式换电站。其具备快速实施、投运、搬移再运行的特点。无需严格的基建要求，其适用于矿区等需要频繁更换车辆使用地点的工况，快速机动地调整其服务辐射半径，做到车辆最短距离获得换电，减少不必要的能耗，增加有效的运行距离，保证工作节拍。

图3-16所示为某矿区在用的测试移动样站，其已具备换电服务的能力，可以实现X、Z三个方向的精准、快速定位，实现5~10min内完成换电整个动作。其自身携带工作电池包可满足能耗需求，不需接收外部的电源输入，彻底摆脱对外部的依赖，做到了充电、换电两个动作的分离。

图3-16　某矿区在用的测试移动样站

这种模式的另一个好处是通过附近的绿电（风光电）消纳来获取更便宜、环保的能源。可就近建设充电站，对弃掉的无法上网的绿电进行品质处理并加以利用，某种程度不仅增加了能源的利用率，响应国家的双碳政策，而且增加了绿电的存储媒介，减少电网储能端的重复容量建设，充分发挥市场需求，优化供给侧的能源改革，降低化石燃料的使用量，稳定国家的战略物资储备，保证国家的能源安全，增强国际竞争力。

3.5　国内外系统发展概况

我国是全球最大的商用车市场，新能源商用车渗透率逐年攀升。2020年我国商用车销量达513万辆，全球市场份额达21.05%。过去两年受新冠疫情因素、“国六”排放法规实施、前期环保和超载治理政策下的需求透支，以及油价处于高位等因素的影响，商用车整体需求放缓，我国总商用车销量有所下降。如图3-17所示，2022年我国商用车总销量为330万辆，同比下降31.2%，但是新能源商用车逆势增长，销量达33.8万辆，同比增长71%，渗透率达10%，2022年为渗透率从1到10突破的关键之年。

政策推动工程机械电动化。从政策来看，近几年工程机械行业相关政策主要偏

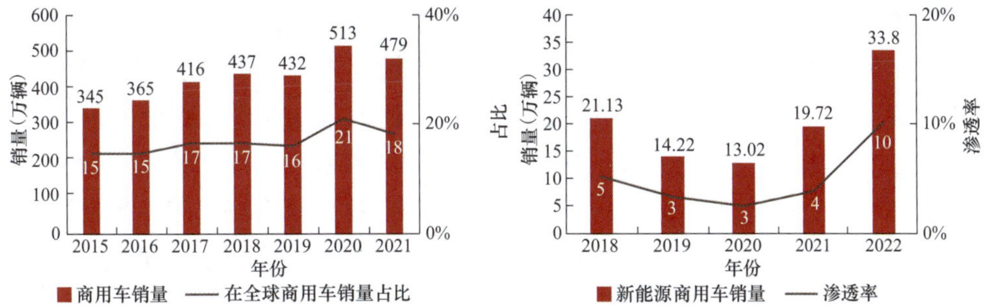

图3-17 我国商用车年度销售统计

数据来源：《中国商用汽车产业发展报告（2021）》，民生证券研究院。

向于老旧高污染工程机械产品出清，引导工程机械行业清洁化、高科技化发展。中央政府层面从减排目标、防治技术和支持政策等方面为发展电动化的工程机械指明方向。各省市针对工程机械行业的相关政策规划陆续出台，从各省市对工程机械行业政策规划来看，大多省市对工程机械行业规划政策均提出了取代高排放工程机械，支持节能环保类相关产品，提高工程机械产品绿色制造能力等[10]。

工程机械市场仍处于上升期。我国经济发展空间巨大，基础设施建设庞大规模，工程机械市场仍处于上升期，存量更新和新增需求并重，“十四五”期间工程机械仍大有可为。近年，我国主要工程机械产品销售量大幅攀升，市场运行情况良好。2021年我国工程机械主要产品合计销量超过167万台，同比增长8.8%[11]。

我国工程机械保有量近千万台，未来需求进入更新时代。2021年，中国工程机械行业营业收入首次迈上8000亿元大关，同比增长3.21%。工程机械“十四五”规划提出，2025年工程机械行业整体营业收入达到9000亿元，年均增长3%～5%。

新能源工程机械的增量空间及替代空间巨大。目前国内工程机械主要产品保有量超过900万台，并以每年超40万台的速度增长，新能源工程机械的渗透率不足1%。参考国内新能源汽车渗透率的快速提升，在政策推动和环保压力倒逼的背景下，工程机械电动化渗透率在未来几年也将快速提升，预计2025年渗透率将超过30%。随着锂离子电池产业链不断成熟，电池成本进一步下降，到2025年工程机械电动化渗透率可提升至35%。

新能源工程机械经济效益优势明显。在成本端，电池占电动工程机械总成本的40%～50%。随着锂离子电池产业链的逐渐完善，锂离子电池组的价格快速降低。电动工程机械市场在政策驱动下爆发，相对于传统燃油工程机械，电动工程机械的经济性是通过使用过程体现的，使用期内综合总成本，电动工程机械更具优势。运营端成本节约是电动工程机械真正能够替代传统燃油工程机械的主要经济因素。通过测算当前电动工程机械在使用端成本较燃油工程机械有较大优势，节约的成本完全可以覆盖购置端成本。以装载机为例，测算5年周期内，纯电动装载机运营费用为108.9万元以上，燃油装载机运营费用为276.2万元以上，完全可以覆盖购置端45

万元的差价。

传统工程机械厂商电动化优势明显。工程机械行业市场集中度较高，我国工程机械市场集中度呈现逐年上升趋势，2021年工程机械行业前十家企业全球市场份额总和为65.3%，其中，卡特彼勒以13%的市场份额排在首位，小松机械、徐工机械紧随其后，市场占有率分别为10.4%、7.9%。新能源工程机械市场已然呈现出群雄逐鹿局面，传统工程机械主机厂纷纷布局新能源工程机械领域。全球工程机械龙头如卡特彼勒、沃尔沃建筑设备、三一重工、徐工机械等已推出数款电动化工程机械产品。

如表3–5所示数据，2021年，我国市场电动重卡的渗透率仅为0.7%，仅一年后，这一数字升至5%。因此，行业多位大咖均提出乐观预测："重卡电动化2023年仍将高速增长，预计增速会达到90%～100%，也就是说2023年新能源重卡销量可能会达到5万辆"。

表3–5　新能源重卡销量比例统计　（%）

新能源重卡类型	2018年	2019年	2020年	2021年	2022年	2023年1～6月
常规	99.9	99.5	99.8	99.2	94.5	96.7
纯电动	0.1	0.5	0.2	0.7	5	3.2
氢燃料	0	0	0	0.1	0.5	0.1
插电混动	0	0	0	0	0	0

2023年过半，在国内重卡市场整体终端需求持续放缓的背景下，上半年电动重卡累计销售11525辆，同比去年增长14%。但不可忽视的是，即便如此，该增速不但远低于同期新能源乘用车增速，也远未达到此前的行业预期。渗透率方面，电动重卡仅占上半年重卡总销量31.85万辆的3.2%。

目前，国内外已有部分纯电动设备（如矿卡、重卡、工程机械等）在川藏铁路、高原或极寒地区的矿山和盐湖等场景试用或试验。2020年7月28日，2020南京—拉萨汽车产业合作暨南京地产汽车推介会在拉萨举行，开沃汽车分别将纯电动矿卡和纯电动公交车交付用户，并未涉及水电开发应用场景。2021年6月22日，国网电动汽车服务有限公司在国家电网易县抽水蓄能电站施工现场，投入4台运输渣土的纯电动重卡在隧道中往返穿梭，2台电动装载机交替作业，1台电动挖掘机有力地向隧道深处掘进，但未进行水电站施工验证。2021年7月3日，西部矿业集团、国家电网有限公司、中铁十九局集团有限公司共同建设的世界海拔最高的纯电动重卡换电站运营示范项目——西藏玉龙铜矿矿用卡车"油改电"项目正式运营，也未涉及水电开发应用场景。目前国内比如国家电网公司、国家电投集团等大型央企大力布局电动车辆的商用场景，成立电动汽车服务实体公司，试图对电动汽车各类应用场景进行垄断。

3.6 商用车换电技术特点

3.6.1 补电速度快

商用车电池系统相比较乘用车，在负载、自重、路况等都远远大于乘用车电池系统，以6×4标准牵引车为例，一般配置电池能量为282kWh的电池系统，而商用车的应用一般都是人停车不停，需要能快速补电。目前快充路线，要充满电一般需要1h以上，这还不考虑快充对电池寿命的影响，同时快充带来的安全隐患、大功率充电系统以及配电增容等也会影响商用车的商业运营。采用换电版，5~10min内更换电池，不会占用商用车等待时间，增加了商用车的商用价值。

3.6.2 换电站适应恶劣环境

商用车涵盖范围广，其应用场景基本上都是集中在港口、矿区、干线物流及各大型工程区域。受我国国土资源分布不均的影响，西部、北部集中全国的自然资源。以煤矿为例，基本上在内蒙古、山西等地，而这些矿区自然环境又相对恶劣，气温在-40~45℃范围，风沙较大，所以要求商用车换电站具备适应更恶劣的自然环境的要求。

3.6.3 电池系统质量大，换电设备庞大

商用车电池系统跟乘用车完全不同，乘用车的使用情况，一般电池系统都采用轻量化设计在400kg左右。商用车在非道路场景应用更多，其电池系统安全性的要求，使得电池系统结构更大、质量更大。还是以6×4标准牵引车来算，配置电池能量为282kWh的电池系统，质量一般在3t以内。同时更高的90/110t非道路级别矿卡，换电系统的能量在423kWh以上，质量可达6t左右，这就要求换电设备能满足抓取大质量、大结构的电池系统。同时有些换电站建立在矿区，常年风大、沙大，这也要求换电设备具备高感知、高负载、高稳定等特点。

顶式换电是最早商用化的换电方式，采用钢索吊装电池包，其特点是技术简单，成本较低。但由于顶式换电模式定位技术简单，对驾驶员的驾驶技能要求较高，且由于抓具在顶部导致设备总高度较高，审批相对复杂。侧向换电对智能化要求更高，需装备激光雷达及视觉传感器，产生较高的成本；优点是对驾驶员换电停车专业性

要求低，可适用于多类车型，是目前应用最广的换电方式，汉马科技、徐工机械、北奔重汽等都是采用单侧换电模式。双侧换电最大的特点是电池不占货箱的空间，但是由于需要两套机器人及电池存储充电仓，成本也是三种换电形式中最高的。

3.7 相关国际国内标准

2021年2月1日国家能源局发布蔚来研究制定的乘用车换电行业标准，其中蔚来牵头NB/T 10435—2020、NB/T 10436—2020和NB/T 33025—2020三项标准编制，深度参与NB/T 10434—2020和NB/T 33004—2020两项标准编制。

NB/T 10435—2020《电动汽车快速更换电池箱锁止机构通用技术要求》;

NB/T 10436—2020《电动汽车快速更换电池箱冷却接口通用技术要求》;

NB/T 33025—2020《电动汽车快速更换电池箱通用要求》;

NB/T 33004—2020《电动汽车充换电设施工程施工和竣工验收规范》;

NB/T 10434—2020《纯电动乘用车底盘式电池更换系统通用技术要求》。

2022年3月22日发布实施国家能源局关于NB/T 10904—2021《电动汽车电池更换站结构和用例》的行业标准，体现了电动汽车换电站的标准化建设，进入一个新的时期，随着NB/T 10904—2021的发布及实施，换电模式将进入高速发展期，换电站的建设和换电模式的共享化发展也将有据可依，对于我国低碳交通、绿色出行的发展战略，将产生深远的影响和有力地推动。

总的来说新能源换电技术还处于试点阶段，国家还没有健全完善的国内标准，国外换电技术更是处于停滞状态，换电技术涵盖机械、电化学、通信、高低压电气、汽车、土建/建筑、安防、消防等行业，多领域跨行业综合性强，目前引用标准还是围绕国家现有标准体系结合各换电企业的企业标准开展，随着换电行业日渐成熟，国家加大了对换电行业的规范化、标准化，不久将会形成国家标准，同时将引领全球换电行业的标准化，常用换电技术所引用的国家标准见表3-6。

表3-6　　常用换电技术所引用的国家标准

序号	标准号	标准名称
1. 机械部分		
1	GB/T 783—2013	起重机械基本型的最大起重系列
2	GB/T 790—1995	电动桥式起重机　跨度和起升高度系列

续表

序号	标准号	标准名称
3	GB/T 3811—2008	起重机设计规范
4	GB/T 5905—2011	起重机试验规范和程序
5	GB 50256—2014	电气装置安装工程　起重机电气装置施工及验收规范
6	GB/T 10051.1—2010	起重吊钩　第1部分：力学性能、起重量、应力及材料
7	GB/T 10183.1—2018	起重机　车轮及大车和小车轨道公差　第一部分：总则
8	GB/T 14405—2011	通用桥式起重机标准
2. 电气部分		
1	GB 50254—2014	电气装置安装工程低压电器施工及验收规范
2	GB 14048.2—2020	低压开关设备和控制设备　第二部分：断路器
3	GB 4064	电气设备安全设计导则
4	GB 50034—2013	建筑照明设计标准
5	GB 50065—2011	交流电气装置的接地设计规范
6	GB 50254—2014	电气装置安装工程低压电器施工及验收规范
7	GB/T 14549—1993	电能质量　公用电网谐波
8	GB 50052—2009	供配电系统设计规范
9	DL/T 448—2016	电能计量装置技术管理规程
10	DL/T 620—1997	交流电气装置的过电压保护和绝缘配合
11	GJB 3855—1999	智能充电机通用规范
12	JB/T 5777.4—2000	电力系统直流电源设备通用技术条件及安全要求
3. 电动汽车部分		
1	GB/T 40035—2021	可换电电动汽车特有的安全要求、试验方法和检测规则
2	GB/T 18487.1—2015	电动车辆传导充电系统　一般要求
3	GB/T 18487.2—2015	电动汽车传导充电系统　第二部分：非车载传导供电设备电磁兼容要求
4	GB/T 27930—2015	电动汽车非车载传导式充电机与电池管理系统之间的通信协议
5	GB/T 18487.3—2015	电动车辆传导充电系统　电动车辆交流/直流充电机（站）

续表

序号	标准号	标准名称
6	GB/T 20234.3—2015	电动汽车传导充电用连接装置　第1部分：通用要求
7	GB/T 20234.3—2015	电动汽车传导充电用连接装置　第3部分：直流充电接口
8	GBT 31467.1—2015	电动汽车用锂离子动力蓄电池包和系统　第1部分：高功率应用测试规程
9	GBT 31467.3—2015	电动汽车用锂离子动力蓄电池包和系统　第3部分：安全性要求与测试方法
10	GBT 31486—2015	电动汽车用动力蓄电池电性能要求及试验方法
11	GBT 38031—2020	电动汽车用动力蓄电池安全要求
12	NB/T 33025—2016	电动汽车快速更换电池箱通用要求
13	YD/T 1436—2014	室外型通信电源系统
4. 土建部分		
1	GB 50007—2011	建筑地基基础设计规范
2	GB 50009—2001	建筑结构荷载规范
3	GB 50010—2010	混凝土结构设计规范
4	GB 50011—2001	建筑抗震设计规范
5	GB 50016—2014	建筑设计防火规范
6	GB 50037—2013	建筑地面设计规范
7	GB 50140—2005	建筑灭火器配置设计规范
5. 其他相关标准		
1	GB/T 4798.4	电工电子产品应用环境条件　第四部分：无气候防护场所固定使用
2	GB 50198	民用闭路监视电视系统工程技术规范
3	GB 50217	电力工程电缆设计规范
4	GB/T 17626.5	浪涌（冲击）抗扰度试验
5	IEEE 802.3	10BASE-T　以太网接口标准
6	GB 4942.2	低压电器外壳防护等级
7	GB 7251.1	低压成套开关设备和控制设备

3.8 商业模式

图3-18所示为当前商用车换电商业模式，其中兼顾各方的实际价值需求，从客户C端及潜在的合作各方，其中包括运行方、设备供应商、收入分配、车企等多方进行深入法人战略合作，保证产品的兼容性及运行盈利模式，通过深入的市场调研，探索并因势形成一套符合关联方的价值取向。

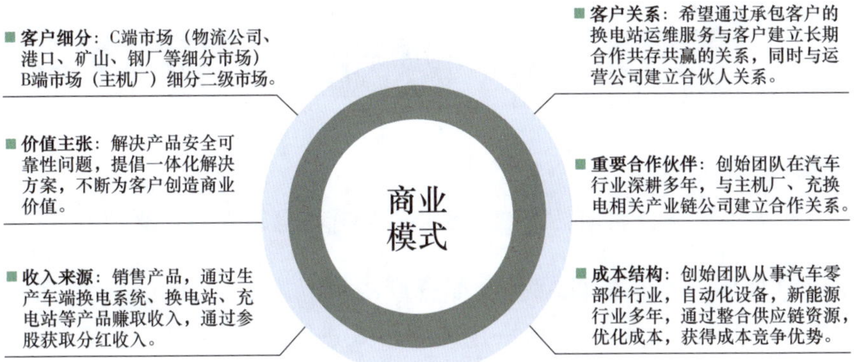

图3-18　当前商用车换电商业模式

下面对三种资产持有方式进行进一步的讨论，由于材料波动、市场众多因素约束，以下关于价格的数据纯属表明问题使用，不作参考使用。

如图3-19所示，运营商持有换电站及站内备用电池包，目前设计备用电池包为7块，车辆及车用电池包为终端用车客户持有。该方式需要电池包及换电机械结构是通用兼容的，因此尽可能采用同一主机厂的车辆，保证产品的一致性。另需要协调客户同意将其车端自用电池包寄存并存放在该换电站，由于不同客户用车频率存在差异，该方案存在可执行的预期难度。

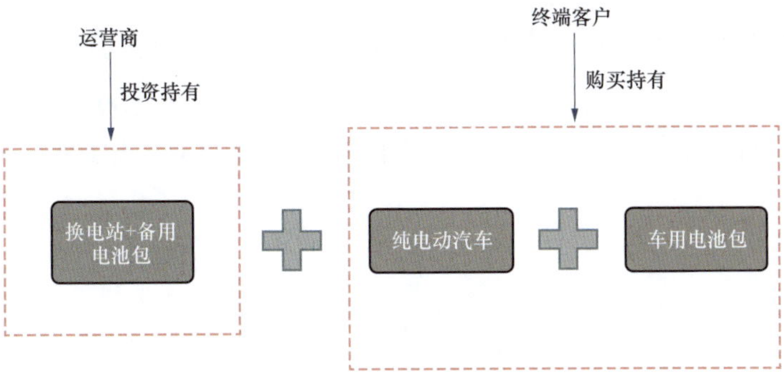

图3-19　资产持有方式1（运营商持有换电站及站内备用电池包）

如图3-20所示，运营商持有换电站及所有电池包，而实际的用车客户只是购买无动力车身，其与主机厂单独签署质保车身即可，采用电池整包租赁或者实际耗电量来进行费用的结算。类似当前的加油站性质的能源付费形式，运营商持有重资产产品，综合考虑实际的运行成本，核算出符合市场规律的实际用电成本，确保客户受益，稳定双方的长期合作。

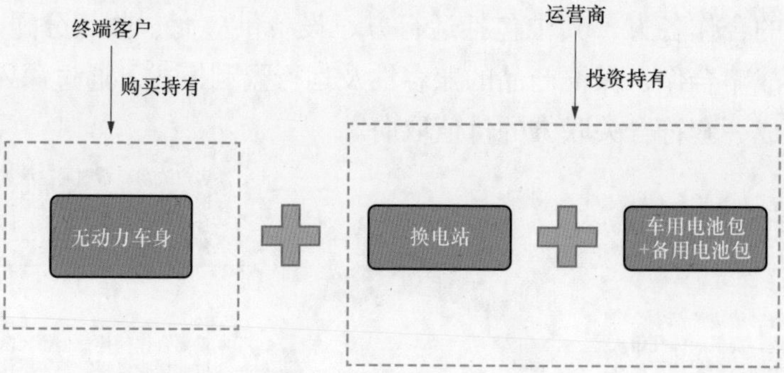

图3-20　资产持有方式2（运营商持有换电站及所有电池包）

如图3-21所示，当运营商持有全部资产的情况之下，可直接承接外部运力需求，单独进行费用结算，驾驶员可采用外聘形式进行工资结算。运营商承担所有的资产风险并获取所有的话语权，可以保证营业收入最大化。

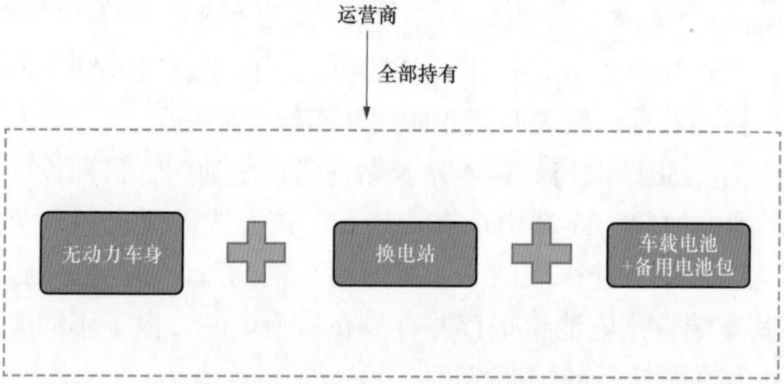

图3-21　资产持有方式3（当运营商持有全部资产）

还可以将车辆进行外租，采取抵押押金等金融方式，与驾驶人个人或者物流运输公司签订租赁协议，定期支付租金及实际的用电服务费来保证自己的营业收入。以上两种方式可以同步多元进行，保证车辆及换电站的最大化运转，实现资产的合理运行节奏。

第4章
商用车换电形式

4.1 顶吊式

如图4-1所示，顶吊式换电是目前商用车换电使用最普遍的方式，顶吊式换电方式采用钢索吊装电池包，在电池包接近落座时，钢索具有一定的柔性，比较容易实现误差的兼容，所以顶吊式换电属于技术简单、成本比较低、可行性比较好的换电方案，也是最早商用化的换电方案。因为顶吊式换电的定位方式比较简单，对驾驶员的驾驶技能要求较高，对于港口、矿山等驾驶员经过强化培训的封闭场景，能够发挥驾驶员管理优势，使控制系统简化降低成本。此外，顶吊式换电的抓具需要在车辆的上方，造成设备总高度较高，在一些城市建设申报时会被定性为临时建筑，需要进行临时建筑审批，建站审批过程相对复杂。

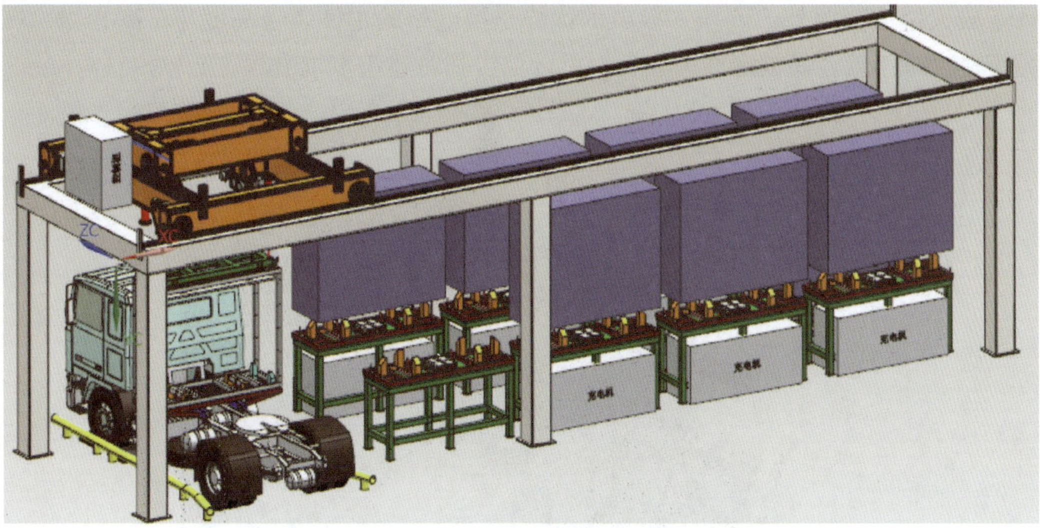

图4-1　顶吊式换电示意图

换电动作：车辆驶入换电区域，由车导向限制车辆宽度方向，前后方向由V型定位块限位，车辆熄火，驾驶员按钮将换电支架的锁止解锁；换电设备接收到信号后，移至换电区域上方，此时车辆只是粗定位还不能抓取，设备上方视觉系统要对电池系统上部结构进行一次拍照，系统分析后进行尺寸补偿。到位后，抓手下降一直到抓手与电池框架上端接触到，抓手端勾爪伸出，钩住电池包框架梁，起升直至完全脱离换电支架。换电设备抓取电池系统移动到充电仓内，放置到空仓位后，再抓取满电电池系统移动到换电区域位置，下降放入到换电支架上，驾驶员按锁止按钮，锁止信号到位后，抓手回原点，驾驶员接收到设备端到位后，启动汽车，驶出换电站。

4.2 单侧式

如图4-2所示，整体单侧式换电的电池抓取机构是刚性的，机器人在抓取电池之间没有柔性环节，如果车辆电池与既定位置对位偏差，换电机器人产生校正位置的力则会很大，对导向机构会产生很大的损伤。同时，换电设备在侧向抓取时，电池包长度方向产生较大的扰度，会导致换电支架端定位销卡住电池包，影响换电。所以整体单侧换电对换电设备以及智能化技术的挑战更大，对控制精度的要求更高，需装备激光雷达及视觉传感器，导致其成本也相对比较高。由于整体单侧换电智能化程度比较高，其对驾驶员的专业性要求较弱，可适应城市中的渣土车、牵引车、水泥搅拌车等多类车型，且对驾驶员换电停车的要求相对较低，其智能化装备也发挥了较大价值。此外，侧换式换电的优势是换电站的主体装备高度与车高相当，在城市建设时比较容易被定性为装备，可以免去临时建筑审批流程。

图4-2　单侧式换电示意图

换电动作：车辆驶入换电区域，由车导向限制车辆宽度方向，前后方向由V型定位块限位，车辆熄火，驾驶员按钮将换电支架的锁止解锁，并将电池系统举升脱离定位销，这里与顶吊式换电不同，侧换设备需要克服电池系统偏载扰度问题，扰度过大时，定位销与定位孔会产生别力卡住电池包，影响设备正常换电。

换电设备接收到信号后，移至换电区域一侧（换电站方向具体要根据实际运营路线和换电布局而定），换电设备前端安装视觉系统和激光测距系统，要对电池系统侧方进行一次拍照和测量到车的距离，然后系统分析后进行尺寸补偿，到位后，设备伸出勾爪，类似叉车原理，钩住侧向起吊位置，起升直至完全脱离换电支架。设备收回原点，在回转180°，沿车前后方向移动到空仓区域，将电池系统放置完成，再移动到满电区域，同理抓取电池系统，再移动到换电区域，放置到车端换电支架上，换电设备回原点。驾驶员按锁止按钮，锁止信号到位后，驾驶员接收到设备端到位后，启动汽车，驶出换电站。

4.3 双侧式

整体双侧式换电最大的优势是电池不占货箱空间，适用于电池存储位置有限的车型，如带箱式的轻卡、矿卡、大巴车等。整体双侧式换电对部分必须双侧布置电池的场景及车型具有无可替代的优势。但是，由于整体双侧式换电需要装备两套机器人及两套电池存储充电仓，其成本也相对较高。图4-3所示为国家电网开发的应用于电动矿卡的双侧式换电示意图，主要用于矿山，可在5min内完成换电。

图4-3 双侧式换电示意图

换电动作：车辆驶入换电区域，由车导向限制车辆宽度方向，前后方向由V型定位块限位，驾驶员将后部箱斗翻出一定角度（这里的箱斗起到压住电池系统的作用，也就不需增加额外的锁紧机构），车辆熄火。

换电设备接收到信号后，左右侧换电设备移至换电区域，换电设备前端安装视觉系统和激光测距系统，要对电池系统侧方进行一次拍照和测量到车的距离，然后系统分析后进行尺寸补偿，到位后，设备伸出至换电系统起升槽内，类似叉车入叉车槽原理，起升直至完全脱离换电支架。设备收回原点，沿车前后方向移动到空仓区域，反向再伸出至空仓支架上，将电池系统放置完成，再移动到满电区域，同理抓取电池系统，再移动到换电区域，放置到车端换电支架上，换电设备回原点。驾驶员按翻斗回位按钮，翻斗到位，驾驶员接收到设备端到位后，启动汽车，驶出换电站。

此外，换电行业起步较早的奥动新能源，在2008年奥运会以及2010年世博会上使用的快换式大巴车（见图4-4），也是采用类似原理。

图4-4　快换式大巴车换电示意图

4.4　底盘式

底盘式换电普遍用于乘用车换电，它具有换电方式安全可靠，对整车外形没有影响等优点，一直是电动乘用车较为合理的布置方式。

商用车电动化发展较为保守，前期主要是油改电的方式，采用的还是传统的燃油车底盘结构，但原结构底盘都是采用直通承重梁，电池系统尺寸很难兼容现有的底盘结构。随着电动化的普及和政策扶持，越来越多的主机厂开始开发电动商用车，底盘式快换系统也逐渐开始被越来越多的企业重视。

底盘式换电（见图4-5）：将换电支架安装到商用车底盘承重梁上，换电支架上周围一圈根据电池包负载安装若干快换锁止结构；电池包框架与换电支架之间是需要快速定位安装的，电池包框架上根据运营情况安装电池系统，在中部纵梁空间位置安装液冷系统、高低压系统和快换连接器。

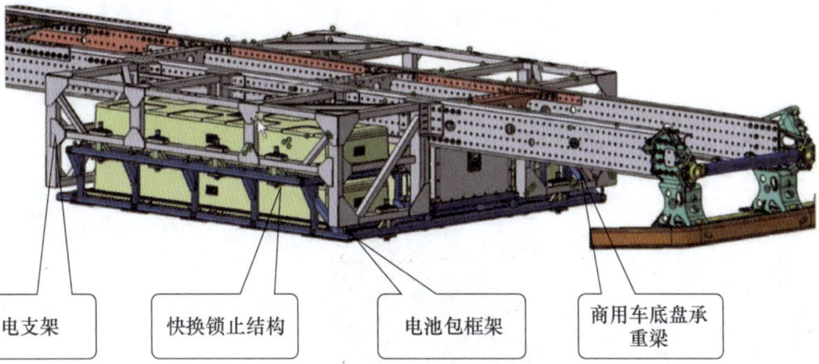

图4-5 底盘式换电示意图

换电时：车辆驶入换电区域，换电区域有机械定位机构，有效保证车辆在换电设备范围内。换电设备再移动到车辆的底部，设备顶升托住亏电电池包，同时解锁机构开始对锁止结构进行解锁，解锁完成后，换电设备落下，移动到换电站的充电仓口，再由充电仓内码垛机把亏电电池系统依次放置到充电支架上；再由码垛机取满电电池系统，放置到换电设备上，换电设备再移入换电区域，顶升锁止，将满电的电池系统再安装到车端上（见图4-6）。锁止系统端会有传感器，能够感知到解锁/锁止是否到位。

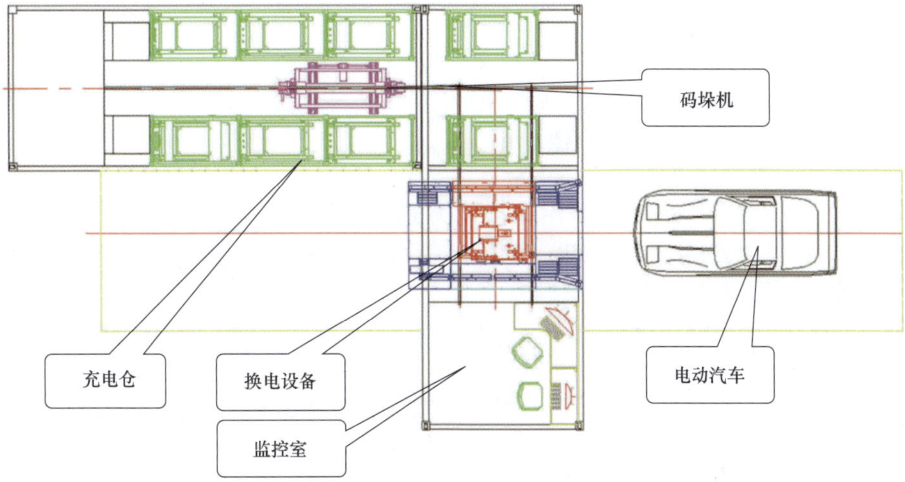

图4-6 乘用车底盘式换电示意图

4.5 其他形式

在单侧式换电的基础上，目前市面上还有一种单侧吊装式换电形式，不同于单侧抓取式，单侧吊装式换电很好地结合了单侧换电站的优点，还有效避免了扰度大带来的换电不可靠的问题，如图4-7所示。

图4-7 单侧吊装式换电

4.6 优劣势比较

针对以上各种换电形式，主流换电方式归纳为三类，分别为顶吊式、单侧式、双侧式，现对其三种方式进行比较，见表4-1。

表4-1 商用车换电方式比较表

内容	顶吊式	单侧式	双侧式
代表企业	国电投、协鑫、吉利	金茂科易	国网精智
设备说明	顶吊式换电方式采用钢索吊装电池包，在电池包接近落座时，钢索具有一定的柔性，比较容易实现误差的兼容，所以顶吊式换电属于技术简单、成本比较低、可行性比较好的换电方案，也是最早商用化的换电方案	整体单侧式换电的电池抓取机构是刚性的，无法做到柔性，车辆电池与既定位置对位偏差，换电机器人产生校正位置的力则会很大，对导向机构会产生很大的损伤。所以整体单侧式换电对智能化技术的挑战更大，对控制精度的要求更高，需装备激光雷达及视觉传感器，导致其成本也相对比较高	整体双侧式换电的电池抓取机构是刚性的，无法做到柔性，车辆电池与既定位置对位偏差，换电机器人产生校正位置的力则会很大，对导向机构会产生很大的损伤。所以整体双侧式换电对智能化技术的挑战更大，对控制精度的要求更高，需装备激光雷达及视觉传感器，导致其成本也相对比较高

续表

内容	顶吊式	单侧式	双侧式
适用车型	渣土车、牵引车、水泥搅拌车，矿卡（驾驶员室上部防护需打开）等多类车型	渣土车、牵引车、水泥搅拌车等多类车型	大巴、厢式货车、矿卡等一些不适用顶吊的车型
优点	（1）技术简单、成本比较低、可行性比较好，商业化推广较佳； （2）柔性的钢索吊装具有一定的容错性，换电成功率较高，对设备损伤较小	（1）智能化程度比较高，其对驾驶员的专业性要求较弱； （2）换电站的主体装备高度与车高相当，在城市建设时比较容易被定性为装备，可以免去临时建筑审批流程	（1）整体双侧式换电最大的优势是电池不占货箱空间； （2）整体双侧式换电对部分必须双侧布置电池的场景及车型具有无可替代的优势
缺点	（1）定位方式比较简单，对驾驶员的驾驶技能要求较高； （2）顶吊式换电的抓具需要在车辆的上方，造成设备总高度较高，在一些城市建设申报时会被定性为临时建筑，需要进行临时建筑审批，建站审批过程相对复杂	（1）控制精度的要求更高，换电设备强度要求高，成本比较高； （2）需要在车端增加顶升机构，车端支架成本高	（1）车型要求有限制； （2）控制精度的要求高； （3）设备和仓位成倍，成本高

第5章 商用车换电电池包

5.1 概述

商用车运营场景商业化以及电池容量大的特性，导致纯电直充版的商用车在充电时浪费太多时间，充电导致的时间不能转化成有效的运营，利用率低被广大的用户以及运营商诟病，而换电模式的快换方式可以有效解决充电时长的问题，比内燃机汽车加油效率还要高，加上双碳政策的加持，商用车换电迎来了风口。

商用车换电电池包指的是各标准电池模组通过串并联方式固定安装在换电箱框架内，再由高低压模块通过线束连接后，形成由BMS控制的电池系统，同时电池系统能够满足快速更换的需求。主要包括电池包框架、电池包、高低压模块、电池包底托、热管理系统（选配）。

根据使用车型和使用场景电池包分为整体式换电电池包和分箱式换电电池包，整体式换电电池包是对动力电池包进行整体更换的换电方式。整车搭载的动力电池包是一个整体，在重卡中市面常见的位于驾驶员室后部位置，在轻卡中也有整车底部，在整车底部进行换电操作。

分箱式换电电池包是对动力电池分开更换的换电方式。整车搭载多个相互分开的动力电池箱，且电池箱通常被设计成规格一致的标准电池箱，实现电池箱之间的互换操作。如部分矿卡和轻卡，换电电池包位于两侧的两轮之间，左右各一个同规格电池系统。

5.2 框架结构

电池包框架结构主要用于装载动力电池包，商用车换电电池包根据车型不同、应用场景不同、容量不同，会有多种规格式样，下面重点描述几种常用的电池包框架结构。

5.2.1 重卡/牵引车电池包框架结构

5.2.1.1 动力电池包

动力电池包（见图5-1）是负责存储和释放电能，为电动汽车提供动力，动力电池包模组可以理解为动力电池单体经串并联方式组合成的多个电池包（PACK），动力电池包加上动力电池管理系统和热管理系统就可组成一个完整的商用车。

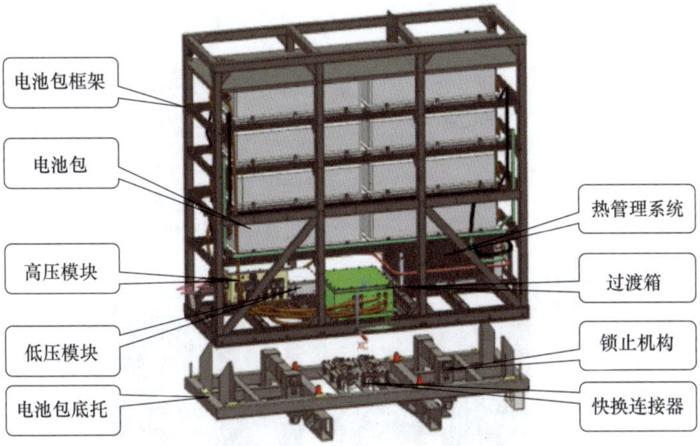

图5-1 动力电池包

动力电池单体及电芯按材料来分，主要包括钴酸锂、锰酸锂、磷酸铁锂以及镍钴锰酸锂三元材料等。一般商用车使用的是磷酸铁锂的电池模组。

5.2.1.2 结构框架

快换式商用车电池系统框架主要由电池包框架、快换底托框架、电池系统防护板等组成。电池包框架可以看作是动力电池（PACK）的“骨骼”，起到支撑、抗机械冲击、机械振动和环境保护的作用。快换底托框架安装在电动汽车上，电池包提供快换锁止系统，固定在快换底托框架上。电池系统防护板必须满足足够的强度和刚度，在振动、冲击等机械载荷下不发生形变和功能异常，在碰撞、挤压、翻滚、跌落等事故状态下有足够的安全防护。

5.2.1.3 电气系统

电气系统主要由高低压模块、高低压线束、快换连接器等组成。高压系统可以看作是动力电池系统的“大动脉血管”，低压系统则是电池系统的“神经网络”，实时传输检测信号和控制信号，快换连接器是在电池包快换时可以快速、有效、重复多次进行插拔，同时具有一定的柔性，满足精度有误差时进行补偿。

5.2.1.4 热管理系统

主要是针对电池系统在快速充放电时、环境温度不满足电池正常使用环境时，通过热管理系统进行温度调节，以达到电池使用的正常范围，是电池安全使用的重要保障之一。通过系统的管理，可以在低温加热、高温液冷来满足使用工况。

5.2.1.5 商用车重卡换电框架

商用车重卡换电框架目前常用的有两种安装方式：一种是两层机构式；另一种是单层式。

如图5-2所示，两层结构式分为外框架和内框架，外框架主要起到整个电池系统的结构强度和安全防护的作用，内部框架主要是电池系统在外部安装好，统一吊装到框架内，在生产过程中可能起到装配便利等作用。不过随着电池系统的轻量化和成本因素，此类方式已经淘汰。

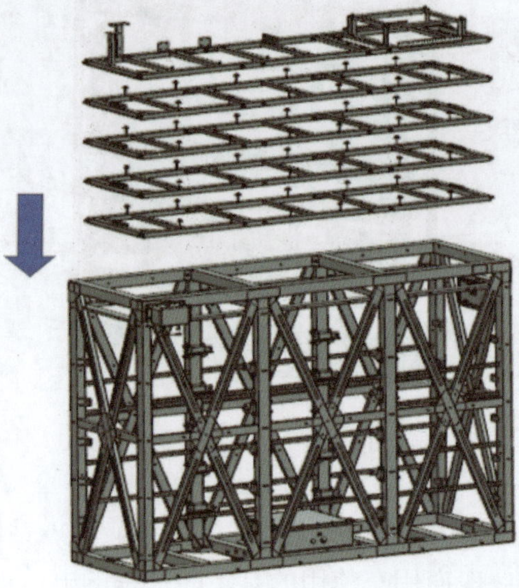

图5-2　两层结构式框架

单层式框架是直接将电池从侧向推入到电池框架内部，无须再增加内部支架与外部框架的连接，可以减轻电池框架的质量，减少成本，如图5-3所示。

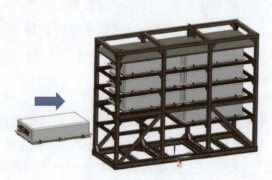

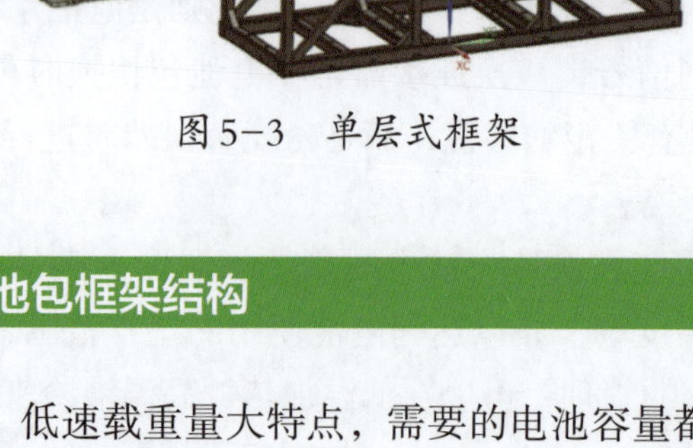

图5-3　单层式框架

5.2.2 矿卡电池包框架结构

由于矿卡特殊性，低速载重量大特点，需要的电池容量都比较大，目前市面上有两种矿卡电池包框架结构形式：

（1）后背式。电池能量为423kWh，电池双层结构，内层电池系统在外部安装完成后吊入框架内锁接。采用此方式的电池结构，需要更高的抗震和更高的结构强度，同时后背式放置在驾驶员室后侧，呈直立状态，重心高，在一些特殊场景如重载下坡以及急制动等应急情况有较大风险，如图5-4所示。

（2）两侧式。在两车轮之间纵梁以外有一空位，此位置在内燃机汽车时作为油箱放置区，这类的电池结构相对简单，由于整车有两组电池系统，电池能量有423kWh和563kWh两种。但是其电池系统在翻斗下部，对于离地高度有要求，这也要求了电池系统空间有限，在电池能量为563kWh时，液冷设备可能需要放置在车端，由于左右各一个电池系统，电池系统成本略高，同时在换电站要求两侧都需要有换电设备，换电站成本高于后背式，如图5-5所示。

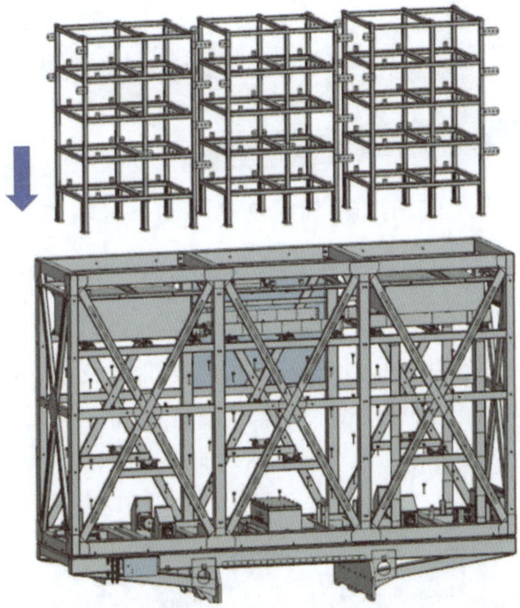

图5-4 后背式矿卡电池包框架结构

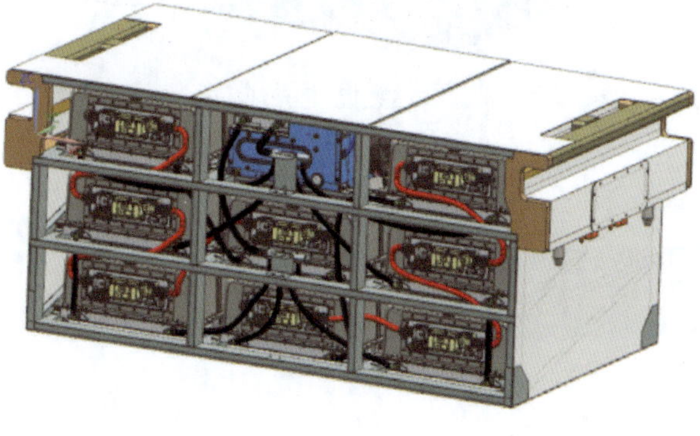

图5-5 两侧式矿卡电池包框架结构

5.2.3 轻卡电池包框架结构

轻卡电池系统目前有两种电池包框架结构形式：两侧换电电池包框架和底盘式换电电池包框架。

两侧换电电池包框架优缺点基本上在上述矿卡电池包框架结构中描述了，电池容量远远小于矿卡电池系统，同时轻卡车宽原因，需要电池厂根据尺寸要求开发适应轻卡的标准电池包，如图5-6所示。采用侧置抽屉式结构形式，将电池系统推入到电池包托架上，靠电池包托架托住电池包，电池包托架跟车端纵梁锁接固定好。电池包推入和将电池包锁止在支架上即可。

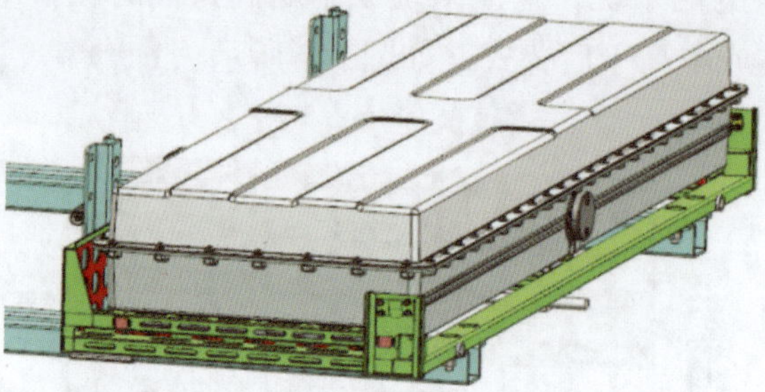

图5-6　两侧换电电池包框架结构

另一种方式是采用与乘用车类似的底盘式换电结构，此方式可以将电池系统隐藏到车身之下，仅通过一台换电设备即可完成换电。因此该方式从换电技术、设备、车端外形等角度都是较优的。但目前该技术开发难度较大，电池包高度受车辆底盘离地高度所限，且需要在整车底部预留换电设备空间，对尺寸要求严格，特殊情况下甚至需要抬升车辆才能完成换电，如图5-7所示。

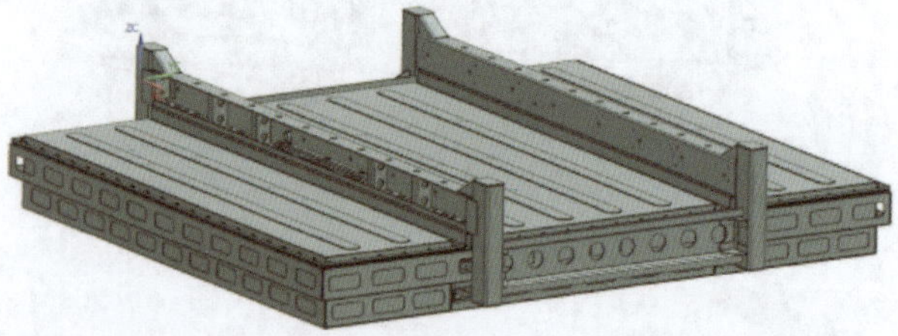

图5-7　底盘式换电电池包框架结构

5.3 动力电池单元

动力电池系统作为一个独立的零部件安装在电动汽车上，为整车提供动力。动力电池由很多零部件组成，包括电芯、模组、电池箱、电池管理及线束、高压电气及连接、热管理等。在进行设计时，需要满足基本功能、机械安全、电气安全、化学安全、电磁兼容、防火防爆、防水防尘等。

动力电池系统的设计流程一般如下：确定整车的设计要求；确定车辆的功率及能量要求；选择匹配合适的电芯；确定电池模块的结构形式；确定电池管理系统设计及热管理系统设计要求；仿真模拟及具体试验验证。

5.3.1 功能参数的确定

5.3.1.1 额定电压及工作电压范围

电动商用车电池系统的额定电压一般选用DC 576V，参考《电动汽车高压系统电压等级》（GB/T 31466—2015）。通常允许使用的电压范围上限为系统额定电压的115%～120%，下限为系统额定电压的75%～80%。动力电池系统的额定电压及电压范围，必须与整车所选用的驱动电机、电机控制器的电压平台及工作电压上下限要求相适应，且最高工作电压不大于电机允许的最高电压。

5.3.1.2 总能量及电池系统容量

根据整车车重、动力系统配置、典型工况、续航里程等要求，设仿真计算所需动力电池可被利用的能量（kWh）为Q_0，因动力电池可用荷电状态（SOC）范围为20%~100%，故可被利用的能量为总能量的80%，若总能量（kWh）为Q_t，则$Q_t=\frac{Q_0}{0.8}$。按照整车驱动电机、转向、空气压缩机、空调压缩机、PTC、DC/DC等负载功率需求来计算，上述所有负载所需持续功率为P_{c0}、峰值功率为P_{k0}，电机控制器效率η、电池系统持续放电倍率M_c=0.7~1，峰值放电倍率M_p=1.2~2。为了支持上述负载有效运行，动力电池系统必须提供的持续功率（kW）应大于负载所需功率，为$P_c=\frac{P_{c0}}{M_c\cdot\eta}$，峰值功率（kW）为$P_k=\frac{P_{k0}}{M_p\cdot\eta}$。因$P_c\leqslant P_k$，故动力电池初步选型的总能量$Q=\mathrm{Max}(Q_t, P_k)$。电池系统容量=总能量/系统额定电压。由此得到电池系统总容量设计值。

5.3.2 电芯选型

电芯按照结构分类，分为圆柱、方壳以及软包电池。按照电池材料体系分类，有磷酸铁锂电芯、三元锂电芯等不同类型，材料体系指的是电池的正极材料，负极材料目前主要以石墨为主，硅碳负极因为能够极大拓展电池能量密度，因此具有很高的关注度，是目前电池主要发展方向之一。

在电芯选型时，根据系统容量，结合正、负极材料体系、现有的成熟产品规格等，选择合理的容量及系统的并联方案。考虑电池包性能与车辆需求的匹配时，一般选取车辆的额定功率和峰值功率两个重点参数纳入考量。另外，车辆实际运行中的工况需求，实际消耗功率与里程的关系，将能量消耗对时间积分，则可以获得更加精准可靠的里程估计结果。

5.3.2.1 放电曲线趋势

放电曲线趋势是放电特性的趋势，不同类型的电芯放电趋势是不同的。磷酸铁锂电芯在放电初期电压快速下降之后，电压在相当长的一段时间处于一个平台内，随着荷电量降低，电压变化很小；三元锂电芯放电期间电压下降速率较高，显示出明显的斜率，如图5-8所示。

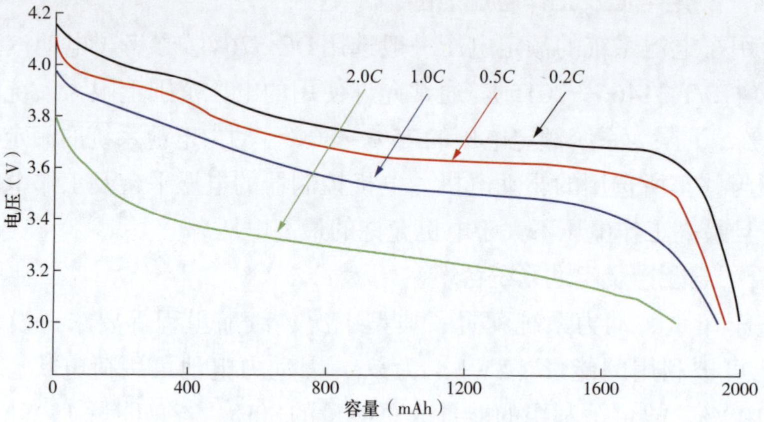

图5-8 不同放电倍率下的三元锂电芯放电曲线

每种电芯都有一个最适宜的工作温度，温度偏高或者偏低都会影响循环寿命。从图5-9中可以看到，不同温度下的放电曲线会发生整体偏移，趋势基本平行或者斜率略微发生变化。随着工作温度下降，锂离子电池的性能也会下降。当环境温度超出电池合理工作温度范围时，需要采取相应的热管理设计，来保证电芯性能有效发挥。

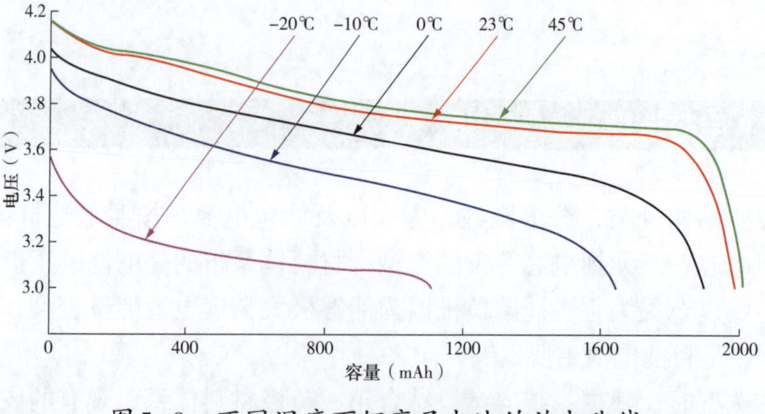

图5-9 不同温度下锂离子电池的放电曲线

5.3.2.2 充、放电倍率

电池充、放电倍率指电池在规定时间内放出额定容量时所需要的电流值，在数据值上等于电池额定容量的倍数，通常以字母C表示。

电池系统中，电池放电性能取决于系统中的负载。纯电动汽车放电时间比较长，因此放电倍率比较低，往往低于1C，适合选用能量型电芯。混合动力电动汽车电池包规模较小，其电池包容量较小，需要比较大的放电倍率，因此倾向于选择高放电倍率电芯。

5.3.2.3 循环寿命

循环寿命一般是在一定的温度、充放电倍率和充放电深度条件下，电池容量下降到80%之前，能够进行的循环次数。影响电池循环寿命的因素主要有：①电池材料的老化、衰退；②充、放电制度；③温度；④电芯的一致性。

5.3.2.4 内部阻抗

宏观上看，电池的内阻包括欧姆电阻和极化电阻。在温度恒定的条件下，欧姆电阻基本稳定不变，而极化电阻会随着影响极化水平的因素变动。欧姆电阻主要由电极材料、电解液、隔膜电阻及集流体、极耳的连接等各部分零件的接触电阻组成，与电池的尺寸、结构、连接方式等有关。极化电阻是在加载电流的瞬间才产生的电阻，是电池内部各种阻碍带电离子抵达目的地的趋势总和。

锂电池内阻的影响：对电池包性能的影响主要体现在两个方面，一是库仑效率，二是温升。图5-10所示为动力电池的一种等效电路。

R_m是通过电池的金属路径的电阻，包括端子、电极和内部连接；R_a是包括电解质和隔膜的电化学路径的电阻；C_b是形成电池电极的平行板的电容；R_i是电极与电解质之间的非线性接触电阻。电芯的内部电阻一般在毫欧级别。

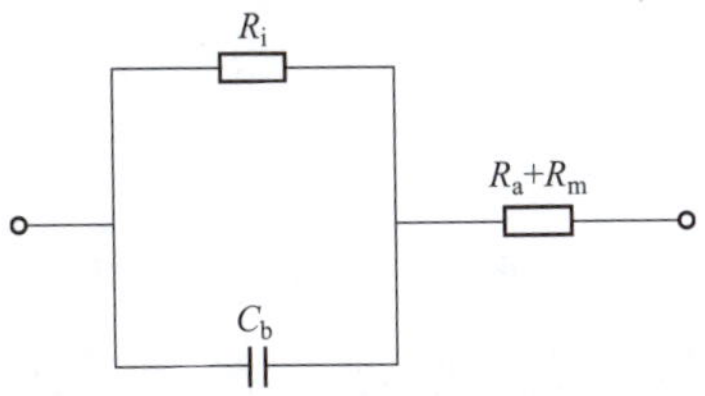

图5-10 动力电池等效电路

5.3.2.5 自放电

电池在放置的时候，其容量是在不断下降的，容量下降的速率称为自放电率，通常以百分数表示：%/月。

自放电是不希望看到的，一个充满电的电池，放置几个月，电量就会少很多，所以希望锂离子电池的自放电率越低越好。锂离子电池的自放电导致电池过放，其造成的影响通常是不可逆的，即使再充电，电池的可用容量也会有很大损失，寿命会快速衰减。所以长期放置不用的锂离子电池，一定要定期充电，避免因为自放电导致过放，性能受到很大影响。

5.3.2.6 容量保持及容量恢复

容量保持率：电池先标准充、放电3次得出电池的标准容量C_1，然后进行标准充电，充电完成后在一定温度（如室温）条件下储存28天，之后按照标准放电倍率进行放电，得到放电容量C_2，容量保持率=C_2/C_1。

容量恢复率：电池先进行标准充电，然后在一定条件下储存28天，之后按照标准放电倍率进行放电得到容量C_1，静置30min后，开始进行标准充放电，得到放电容量C_2，容量恢复率=C_1/C_2。

5.3.3 模组设计

电池模组是将若干单体电芯通过导电连接件串并联成一个电源，加装单体电池电压和温度监控管理装置后，形成的电芯与电池包的中间产品。其结构对电芯起到支撑、固定和保护作用，要满足机械强度、电性能、热管理性能、安全、故障处理能力五个方面的要求。

电芯按照结构分类（见图5-11），分为圆柱电池、方壳电池以及软包电池。基于电芯的类型不同，电芯成组存在较大的差异。

（a）软包模组

（b）方壳模组

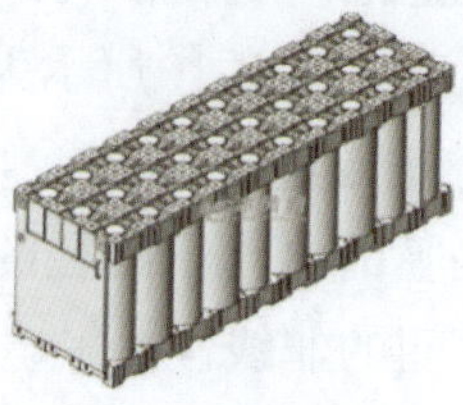

（c）圆柱模组

图5-11 电芯结构

5.3.3.1 模组机械强度设计

在结合整车设计要求下，对电池模组进行设计时，需要考虑以下几个方面：

（1）电池成组的固定连接方式要根据动力电池系统的整体要求，选定电芯结构形状进行。

（2）电池模块的装配要求松紧度适中，各结构部件具有足够的强度，能够完好固定电芯并保护其不发生有损性能的形变。

（3）结构紧凑并根据热管理要求预留相应的空间。

（4）电池单体之间的导电连接距离尽量短，连接可靠，最好是柔性连接，各导电零件的导电能力要满足最大过流能力。

（5）充分考虑电池串并联高压连接之间的绝缘保护问题，例如电气间隙和爬电距离等。

5.3.3.2 模组电气设计

电气设备包含低压和高压两个部分。

低压设计：通过信号采集线束将电池电压、温度信息采集到模组从控板或者模组控制器上，模组控制器上一般设计均衡功能（主动均衡、被动均衡或者二者并存），控制器通过CAN通信连接到主控板，将模组信息传递出去。

高压设计：电芯与电芯之间的串并联，导电件和接触电阻分布要均匀，否则单体电压检测将受到干扰。模组外部的高压连接电阻要足够小，避免电能在传递路径上的浪费。

5.3.3.3 安全设计

（1）布局合理。根据电芯自身性能要求，确定在BOL状态下是否增加初始预紧力。电芯在循环过程中，会产生膨胀，所以在模组设计时要考虑电芯的膨胀量和膨胀力，一般会在电芯间增加缓冲介质用于消化电芯的膨胀。另外，电池包在振动、冲击过程中，电芯保持完好，正常发挥其性能，这就要求结构设计可靠。

（2）热管理。电芯工作温度一般在0～45℃，需要设计安全可靠的热管理系统来保证电池在合理的温度区间内工作；目前动力电池系统的热管理主要可分为四类：自然冷却、风冷、液冷、直冷。其中自然冷却是被动式的热管理方式，风冷、液冷、直冷是主动式的热管理方式，主要区别在于换热介质的不同。

（3）全面检测电压和温度并设置预警系统，实时反馈电芯的工作状态。

（4）可通过在电芯间增加绝缘、耐高温材料，防止电芯间热失控时产生热蔓延；模组和模组之间设置防火墙，防止模组间产生热蔓延或产生外部短路。

（5）绝缘、耐压。至少满足《电动汽车安全要求》（GB 18384—2020）。

（6）模组金属结构框架设计成等电位体，避免形成电势差对人体形成伤害。

（7）采样线束的装配应有防呆设计，避免错误安装导致短路等事故发生。

5.3.4 PACK设计

PACK通常由电池组、机械部件、热交换组件、电子控制单元，以及必要的线束、开关、熔断器和连接器构成，其主要功能是通过电能和化学能的相互转换，来实现电能的存储和释放。PACK设计流程主要为：确定整车设计要求、确定车辆功率及能量要求、选择匹配合适的电芯、确定电池模块的组合结构、热管理系统、确定电池管理系统、仿真模拟及具体试验验证。在设计过程中，主要体现机械安全、热安全、密封、能量密度、使用寿命、产品性能、成本等关键指标。

5.3.4.1 充电方案

商用车一般采用直流快充方式充电，根据整车搭载电量及充电时间要求，选择单枪或双枪充电。直流充电协议一般按照GB/T 27930—2015《电动汽车非车载传导式充电机与电池管理系统之间的通信协议》执行。

5.3.4.2 电池箱设计流程

电池箱为电池系统的核心零部件，承担着对电池模组、电气元件、管理系统等附件的承载和保护作用，因此高安全和高可靠性是其首要的功能。它必须通过一定的强度和机构保证振动的耐久可靠性能、抗冲击、抗碰撞和抗挤压性能；必须满足密封性，包括气密性和防尘防水性能。还需进行轻量化设计，箱体轻量化以提高电池包能量密度，增加续航里程。电池箱体涉及各种材料和不同工艺以及各种设计方法的大型零部件，包括诸多功能和苛刻要求，需要系统地进行设计开发，详细流程如图5-12所示。

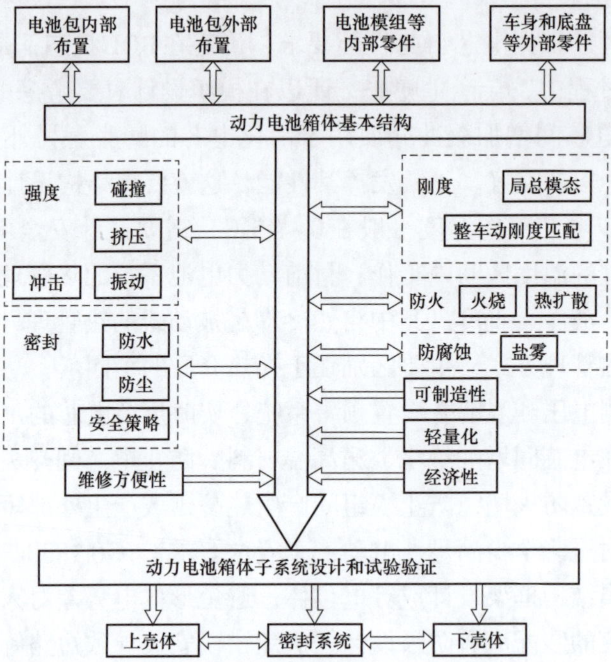

图5-12 电池箱设计开发流程

5.3.4.3 电池箱结构设计

电池箱体通常由上壳体总成、密封系统和下壳体总成三部分组成。下壳体是主承力部件，目前主要分为两种：钢制焊接箱体和铝型材焊接箱体。钢制下壳体主要采取型钢焊接和钣金焊接两种方案。因为型钢焊接比较简单，早期的箱体较常采用；而由于钣金焊接件在工艺性上的优势，后期更多箱体都采用钣金焊接方式。随着电池包能量密度成为国内电动车补贴政策指标之一，具有轻量化优势的铝制下壳体成为目前的主流方案。铝制下壳体主要有两种：一种是壳体全部为挤出型材拼接；另一种是边框为型材，底板为铝板冲压件，如图5-13所示。

箱体上盖主要考虑的是表面刚度、可制造性、轻量化和绝缘性能。几何形状较为复杂的上壳体多采用复合高分子材料，例如不饱和树脂加玻璃纤维热固性SMC材料，通过模压工艺一次成型，既能满足刚度要求，也有轻量化和密封性好的优点。

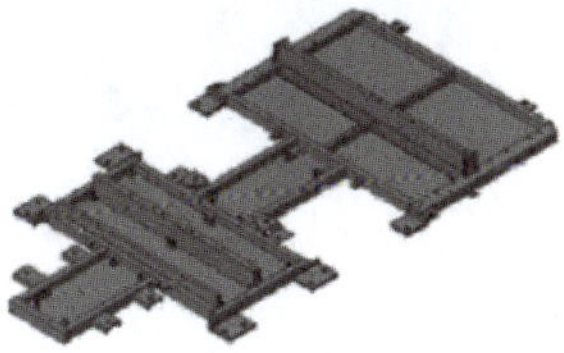
（a）铝挤出型材拼接下壳体

（b）边框型材底板冲压件下壳体

图5-13 电池箱体结构

形状较为简单的平坦结构也可采用铝板冲压方案。

5.3.4.4 动力电池箱体的密封设计

密封性是动力电池箱体的核心功能之一，箱体密封是典型的静密封，密封等级见表5-1，电池包密封等级一般达到IP67以上。其密封形式主要有O形密封和矩形密封两种，前者的优势在于密封圈受到箱体的保护，材料在长时间使用后不容易变性；后者对上下壳体的配合要求比较低，具有一定的自适应性。目前，在量产电池包中采用后者的方案居多。主密封面的起伏变化是造成密封失效的主要原因，因为在这些区域，上下壳体的匹配与其他区域不一致，密封条的压缩量会有变化，同时起伏区域前后预紧力方向也不一致，所以密封面起伏区域容易发生泄漏。在设计过程中，主密封面最好处于同一平面。另外，主密封面上必须有足够的紧固螺栓，一般螺栓间隔距离不大于80mm。在密封条转角区域，两端一定要设置紧固螺栓。另外，单组分聚氨酯发泡密封胶、硅橡胶、光敏密封胶等材料在电池包上也有应用。

表5-1 动力电池箱体的密封设计

数字	第一位数字——防尘	第二个数字——防水
0	没有防护	没有防护
1	可抵御超过的固体物质。 如：手部意外触摸	可经受垂直落下的水点
2	可抵御直径超过直径、长度不超过的固体物质。 如：手指	可经受呈15°垂直角的水花的直接喷射
3	可抵御直径超过的固体物质。 如：工具或金属丝	可经受呈60°垂直角的水花的直接喷射
4	可抵御直径超过的固体物质。 如：细小金属丝	可经受任何方向射来的水花——允许有限的进入
5	防尘，有限进入（无有害堆积物）	可经受来自任何方向的低压水柱喷射——允许有限的进入
6	灰尘难以进入，完全防尘	可经受来自任何方向的强力水柱喷射——允许有限的进入
7	不适用	允许短暂放入一深的水中，时间可长达30min
8	不适用	可经受压力下长期浸泡

5.3.4.5 高压插接件及线缆选型设计

重型商用车所用动力电池系统为高电压、大电流回路，若高压电路发生绝缘失效、短路、漏电等情况时，会造成严重的安全事故。

高压插接件的作用是保证线缆与电器件能够安全、可靠地连接。动力电池系统高压插接件的选型设计有如下要求：

（1）电性能。为适应高电压、大电流的使用工况，插接件通过高密度触片、端子表面镀银等技术，增加插接件的接触面积，降低阻抗。耐电压应达到DC（$2\times U$+1000）V，U为动力电池系统的额定电压。

（2）环境及防护性能。工作温度为-40～125℃。满足IPXXB的要求，防止高压部分与人员接触；满足IP67的功能，保证车辆涉水等恶劣条件下的使用性能。阻燃等级应达到UL94–V0等级。

（3）力学性能。插接件应满足车规级的耐振动和冲击性能，带有二次锁和防误插功能，并满足插拔力和插拔次数的要求。

（4）高压线缆导线的载流能力。根据焦耳定律，导线产生的热量为根据热平衡原理，导线表面达到其稳定状态时，发热功率等于散热功率。

5.3.4.6 绝缘设计

电池在设计结构时已经考虑到正负极的绝缘问题，但是车载电池的不确定因素比较复杂，所以在电池系统设计时，一定要单独设定绝缘条件，满足撞击、震动、潮湿等多种复杂的环境下电池仍然安全有效。

5.3.4.7 防爆阀选型

5.3.4.7.1 防爆阀的作用

为了预防热失控事故的发生，避免电池包内外部压力的失衡，同时考虑到锂离子电池在起火时，会瞬间产生大量的有毒气体，需要及时、定向地泄压排放气体。防爆阀作为电池系统预防热失控的一项被动安全防护措施，即可实现上述保持压力平衡和气体定向泄放的要求。

5.3.4.7.2 防爆阀的分类

目前主流的防爆阀有两种：一种是活塞式防爆阀，图5–14所示为活塞式防爆阀工作原理；另一种是顶针式防爆阀，图5–15所示为顶针式防爆阀工作原理。

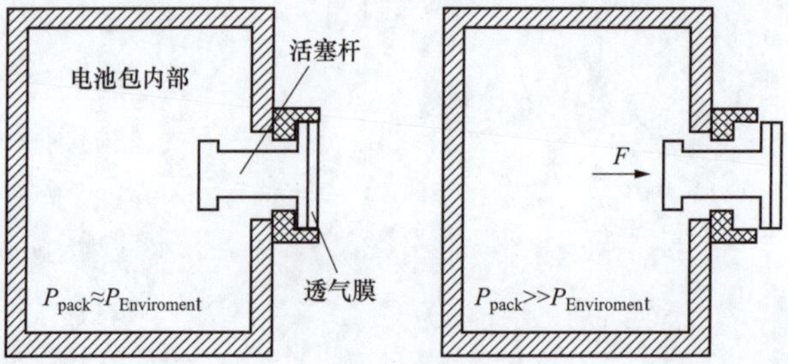

图5–14 活塞式防爆阀工作原理

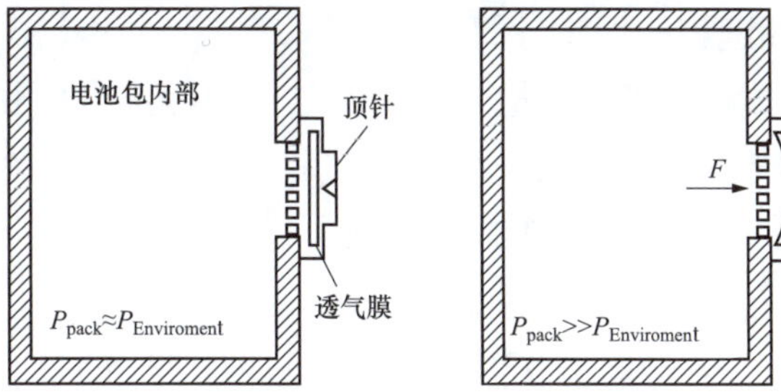

图5-15 顶针式防爆阀工作原理

5.3.4.7.3 防爆阀工作原理

在工作状态下，气体通过防爆阀内的防水透气膜自由流通，防爆阀起到的是呼吸阀的作用。

当电池包内部的压强远大于环境压强，达到设定的爆破值时，属于防爆工作状态。此时箱体的内部气体压力会顶开防爆阀内置的活塞杆或者透气膜，来实现气体的快速排放，从而迅速降低电池包内部压力，防止电池包爆破，此状态为防爆状态。

两种防爆阀的优势稍有差异。表5-2汇总了顶针式防爆阀和活塞式防爆阀各项性能指标差异的对比，两种防爆阀的优势稍有差异。

表5-2 两种防爆阀各项性能指标差异对比

比较项目	顶针式	活塞式
防护等级	IP68	IP68
透气量	大	较小
爆破排气速度	迅速	较慢
泄压时间	短	长
耐高温火烧性能	差	好
耐盐雾性能	好	好
使用成本	高（一次性）	低（反复使易）

活塞式防爆阀的爆破排气量小于顶针式防爆阀，活塞式防爆阀依靠弹簧来排气，爆破不稳定，排气间隙容易堆积灰尘、沙子或者表面有泥浆覆盖影响其性能，爆破前后排气能力不足，泄压时间长，所以一般用于较小的电池包，比如低速机动车或者电动自行车等产品上。一般电量比较大的电池包，其电池系统容易发生热失控现象，为了充分保障人员的生命财产安全，一般都是选用顶针式防爆阀。

5.3.4.7.4 防爆阀选型的理论计算

顶针式防爆阀因爆破瞬间排气量大、泄压时间短等优点而受到电池包生产厂家的青睐。顶针式防爆阀的形状、规格和尺寸也是多种多样的，在选用时一般需要考量的两个重要参数分别是透气量和爆破后的泄压量。

（1）透气量的计算。

根据国家标准GB 38031—2020中“8.2.8温度冲击”的要求，电池包需置于-40～60℃的交变温度环境中，两种极端温度的转换时间在30min以内。此处假设电池包内的空气净容积为50L。根据国家标准要求，在30min内，电池包从-40℃升温到60℃，气体体积的膨胀量即为防爆阀所需的透气量。

根据理想气体的盖·吕萨克定律，压强不变时，一定质量气体的体积与热力学温度成正比，即：

$$\frac{V_1}{T_1}=\frac{V_2}{T_2}=C\text{（恒量）} \tag{5-1}$$

$$V_3=V_2-V_1 \tag{5-2}$$

$$Q=\frac{V_3}{t\times 1.5} \tag{5-3}$$

式中 V_1——初始温度（-40℃）时箱体内气体的体积（50L）；

T_1——初始温度[（-40+273）K]；

V_2——60℃时箱体内气体的体积；

T_2——最高温度[（60+273）K]；

V_3——箱体内部温升后产生的气体体积；

Q——透气量；

t——温升时间（即需要的排气时间为30min）；

1.5——安全系数。

根据式（5-1）～式（5-3），可求得透气量Q=1.07L/min。

（2）防爆泄压量的计算。

电池热失控与热扩散是一个复杂的多因素构成的失效现象。深入研究热失控的机理和电芯爆炸的现象是一个非常繁琐的工程，需要进行大量的试验分析。此处为了方便量化计算，基于如下的假设：

1）选用圆柱18650电芯（体积为0.0165L）；

2）单个电芯爆炸热扩散到周围6个电芯失效；

3）7个圆柱电芯同时失效的产气速率为25L/s；

4）直径为10mm（面积为78.5mm^2）的直通孔排气速率为6L/s（在24kPa压力下）；

5）电芯爆炸热失控后产生的高温引起电芯体积10倍的空气膨胀量。

根据以上假设，可得到：

1）7个电芯的体积为0.0165L×7≈0.12L。

2）电芯爆炸导致气体膨胀量为0.12L×10=1.2L。

3）电芯热失控产生的气体为25L/S+1.2L/S=26.2L/s，故电池包爆破的泄压量为26.2L/s。

根据假设4）可得出需要的通孔面积为26.2/6×78.5=342.8（mm^2），即可推算得到通孔直径为20.9mm。

根据上述求得的透气量和通孔直径两个参数，来选择适合实际项目所需要的防爆阀的规格。需要特别说明的是，锂离子电池热失控的现象复杂多变，防爆阀的选型还需考虑箱体本身的材质、电池包的工况等，同时需配合仿真分析和试验数据。

5.3.4.7.5　防爆阀的安装位置

防爆阀的安装位置需要注意以下几点：

（1）因为防爆阀在电芯爆炸时起到定向泄压排气的功能，所以排出的可燃有毒气体应远离车内人员，同时应具有充分的空间来保证气体流通。

（2）为了避免积水和落灰等情况，防爆阀应布置在电池箱体的侧面，使防爆阀处于垂直或者倾斜状态。

（3）汽车在高速行驶时会产生空气流动，高风速携带着空气中的灰尘浮粒会冲击防爆阀的透气膜，为了避免透气膜和内部零件受到冲击毁坏，防爆阀的设计安装位置应在汽车行驶方向的背风面，避免迎风安装。

5.3.5　电池管理系统

在动力电池管理系统中的软件功能一般包括电压检测、温度采集、电流检测、绝缘检测、SOC估算、CAN通信、放电均衡功能、系统自检功能、系统检测功能、充电管理、热管理等。

5.4　热管理

动力电池在充放电过程中，会伴随产生一定热量，从而导致温度上升，而温度升高会影响电池的很多工作特性参数，如内阻、电压、SOC、可用容量、充放电效率和电池寿命等。良好的热管理系统对电池的安全、性能、寿命至整车行驶里程都十分重要。

5.4.1 热管理系统设计流程

热管理系统作为电池部分的一个子系统，需要根据整车的使用环境、整车的运行工况和电池单体的温度等进行分析，以确定电池系统对热管理系统的需求，如图5-16所示。

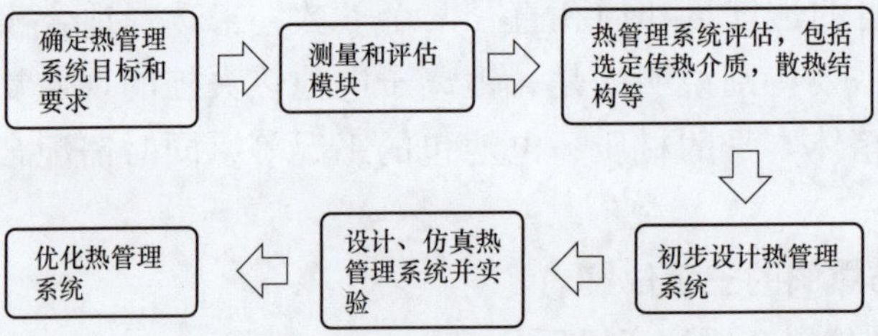

图5-16　移动式重卡换电站

5.4.2 电池包热管理设计的目标

电池包热管理设计有两个目标：控制电芯的工作温度和控制不同电芯的温度差，前者会严重影响电池的性能和寿命，后者会影响电池的短板效应，导致电池一致性变差。要满足该目标，就要考虑确认动力电池系统的冷却、加热设计方案。对于电芯而言，最佳的工作温度范围在20～35℃，电芯温度差控制在5℃内比较合理，那么需要将电池包温度范围放宽到10～40℃，电池包内部温度差控制在3～5℃。

5.4.3 电池热管理控制策略

在整车运行工况下，基于监控点的电芯温度（包括最高和最低温度）进行策略制定，比如液冷系统，通过监控电芯温度来控制制冷剂的流量及温度，从而确保电芯温度维持在目标温度区间。

5.4.4 热管理系统的分类

根据热管理的不同应用场合和功能，分为冷却系统、加热系统和保温系统。

5.4.4.1 冷却系统

动力电池热管理系统主要可分为三类：空冷、液冷、直冷。其中自然冷却是被动式，而强制风冷、液冷、直冷是主动式的，这三者的主要区别在于换热介质的不同。

5.4.4.1.1 空冷式

根据通风措施的不同，空冷式分为自然冷却和强制风冷两种方式。自然冷却不依靠外部强制通风措施（如加风机等），只是通过电池包内部自身因温度变化而产生的气流进行冷却散热的系统。强制风冷是在自然对流的基础上加上了强制通风的散热系统，如图5-17所示。当前动力电池强制风冷主要有串联式和并联式两种系统，该种方式效果较差，且很难达到较高的电池均温性。

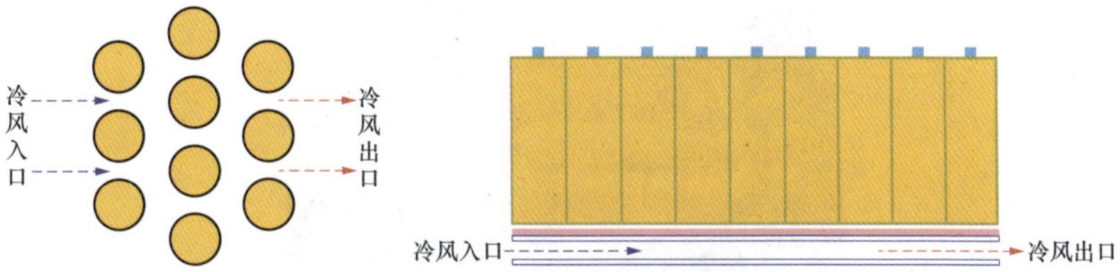

图5-17 强制风冷原理

5.4.4.1.2 液冷

液冷系统是指制冷剂直接或间接地接触动力电池，然后通过液态流体的循环流动把电池包内产生的热量带走达到散热效果，液冷系统原理如图5-18所示。其制冷剂可以是水、水和乙二醇的混合物、矿物质油和R134a等，这些制冷剂拥有较高的热导率，可以达到较好的散热效果。液冷技术已经比较成熟，在电动汽车有广泛的应用。

液冷系统结构设计要求复杂、严苛，以防止制冷剂的泄漏和保证电池单体温度的均匀性。由于液冷系统结构相对复杂及高密封性使得液冷系统的维护相对困难，维护成本也相应增加。

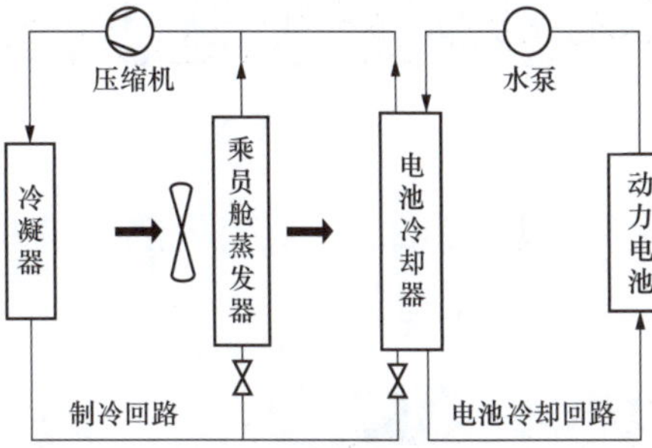

图5-18 液冷系统原理

液冷板根据应用场景、成型方式，主要有以下几种：

（1）口琴管式液冷板（见图5-19）。具有成本低、质量轻、结构相对简单、生产效率高等优点，但由于其流道单一、接触面积小、管道壁薄，导致它的换热效果一般且承重能力较差。

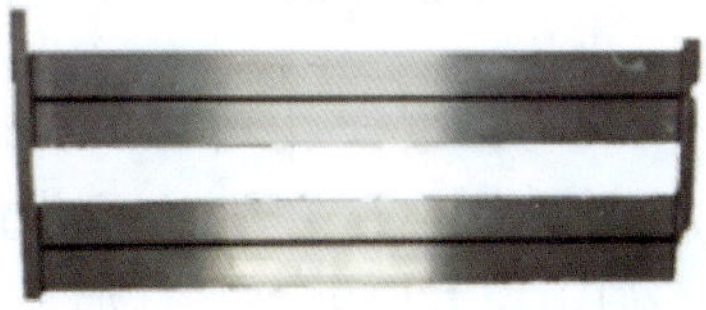

图5-19 口琴管式液冷板

（2）冲压式液冷板（见图5-20）。具有流道可任意设计、接触面积大、换热效果好、生产效率高、耐压与强度好等优点，但由于其需要开模，因此成本较高，且对平整度要求高，安装难度大。

图5-20　冲压式液冷板

（3）吹胀式液冷板（见图5-21）。具有成本低、换热效果好、生产效率高等优点，但由于其材质偏软，因此在耐压与强度方面存在较大的短板。

图5-21　吹胀式液冷板

（4）平行流管式液冷带（见图5-22）。具有换热效果好、适用于圆柱形电芯的优点，但由于其结构复杂，因此成本高。

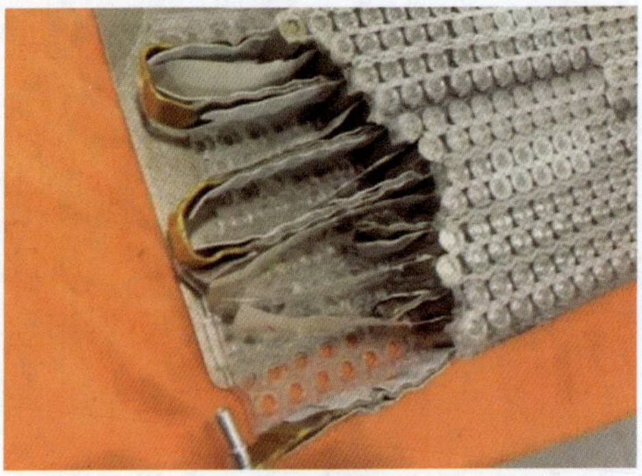

图5-22　平行流管式液冷带

（5）铝合金型材式液冷板（见图5-23）。具有可靠性好、承重能力好、表面平整度好、换热效果好等优点，但由于其厚度较厚且加工方式复杂，因此成本高、质量重且空间占有率高。

图5-23　铝合金型材式液冷板

5.4.4.1.3　制冷剂直接冷却

直冷（制冷剂直接冷却）如图5-24所示。利用制冷剂（R134a等）蒸发潜热的原理，在整车或电池系统中建立空调系统，将空调系统的蒸发器安装在电池系统中，制冷剂在蒸发器中蒸发并快速地将系统内部热量带走，完成对电池系统冷却的作业。

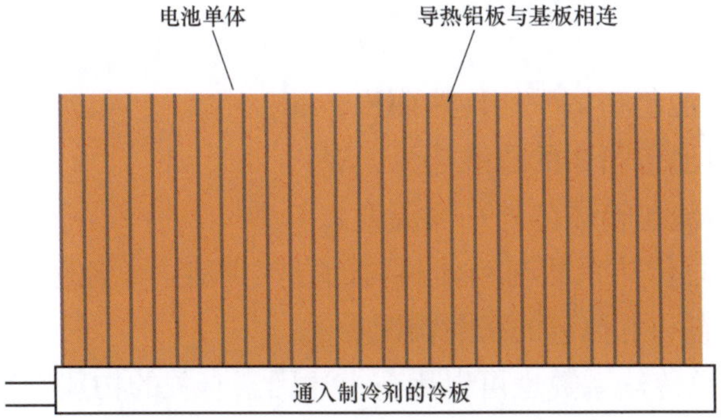

图5-24　制冷剂蒸发潜热的原理

5.4.4.2　加热系统

5.4.4.2.1　电加热

电加热系统主要由加热元件和电路组成，其中加热元件是最重要的部分，主要分为PTC加热和加热膜加热，如图5-25所示。

PTC阻值随温度升高而升高，当温度达到一定值（居里点）时阻值为无穷大，主要用于发热元件、温度控制保护等。由于其使用安全、热转换效率高、升温迅速、无明火、自动恒温、成本较低等特点而被广泛使用。但是PTC的加热件体积较大，会占据电池系统内部较大的空间。

加热膜需要确保与工件紧密接触，保证最大的热能传递。加热膜是具有柔软性的薄型面发热体，但其需与被加热物体完全密切接触，不然会存在加热膜干烧现象，其安全性要比PTC差些。

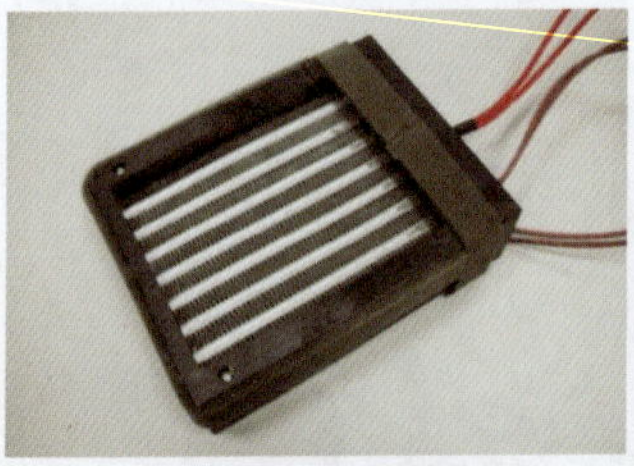
（a）PTC

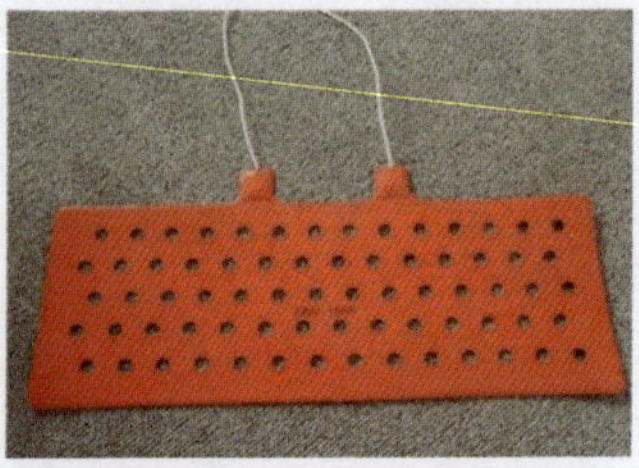
（b）加热膜

图5-25　电加热系统

5.4.4.2.2　液热

液热是指对制冷剂直接或间接地进行加热，然后通过液态流体的循环流动对电池包内的电芯进行加热，达到电芯需要的温度值。液热具有加热效果好、散热分布均匀、安全可靠等优点，占据主流位置。

5.4.4.3　保温及隔热

对于电池包箱体保温性能的评价，可以将许多因素归结为总传热系数K表示，即：

$$K=\frac{Q}{S(t_n-t_w)} \tag{5-4}$$

式中　S　——电池包箱体平均传热面积，m^2；

Q　——电池包箱体的总散热量，W；

t_n、t_w——电池包箱体内外平均温度，℃。

电池包箱体的总传热系数与箱体材料的导热性能、电池包内气体状态、箱体外壁处的空气流动状态和电池包的密封情况有关。

电池包箱体的总传热系数也可以用与上述因素有关的物理参数来表示，即：

$$K=K_0+K_u \tag{5-5}$$

式中　K_0——电池包箱体壁面传热系数；

K_u——电池包箱体漏气而引起的折算传热系数。

$$K_0=\frac{1}{\frac{1}{a_n}+\sum_1^n\frac{\delta_n}{\lambda_n}+\frac{1}{a_w}} \tag{5-6}$$

式中　a_n、a_w——电池包箱体内、外壁的对流传热系数；

δ_n　——箱体壁各层材料的厚度，m；

λ_n　——箱体壁各层材料的热导率。

通过对上文公式进行分析，可以得出影响电池包箱体保温性能的主要因素为保温材料的冷桥（见图5-26）的存在。

电池包的下箱体为主要散热部件，所以主要对下箱体材料和结构分析，目前下箱体的材料主要分为钢制和铝制两种。

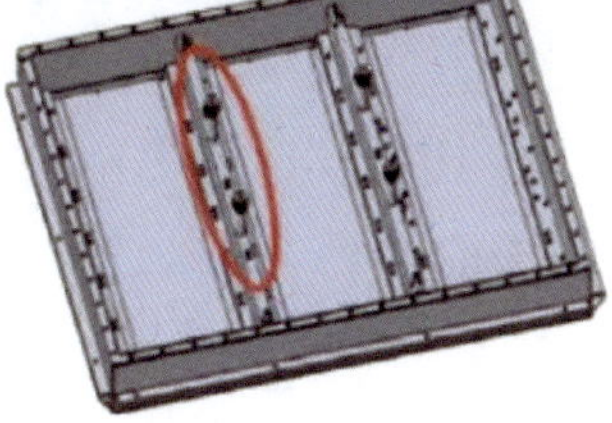

(a) 视图1

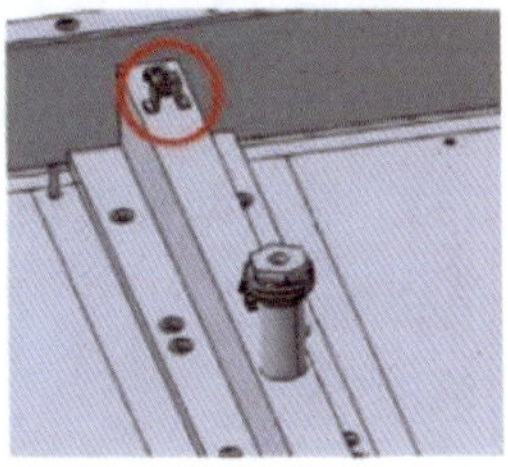

(b) 视图2

图5-26 保温材料的冷桥

分析材料对保温的影响，钢材的热导率为45W/（m·K），铝合金的热导率为236W/（m·K），铝合金比钢材的导热性能强，但是研究发现，材料导热性能不是影响隔热保温性能的主要原因。

从结构形式上分析，钢制电池包下箱体底板为单层高强钢板，其厚度为0.8mm，铝制电池包下箱体底板为多层中空结构，其厚度为15mm，如图5-27所示。中空结构内存在空气，空气的热导率约为0.0267W/（m·K）远小于钢材和铝合金的热导率，所以即使铝合金的导热性能比钢材的高，但是由于中空结构中的空气使得铝合金下箱体整体的导热性能比钢制电池包的导热性能低。在设计过程中，通过对整车参数、工况需求、成本分析，制定下箱体的具体结构，并增加相应的保温措施，如箱体内侧增加泡棉、石棉等。

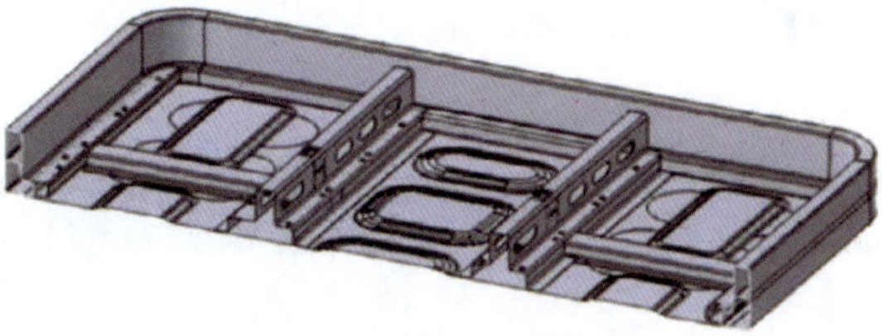

(a) 钢制电池包下箱体剖面图

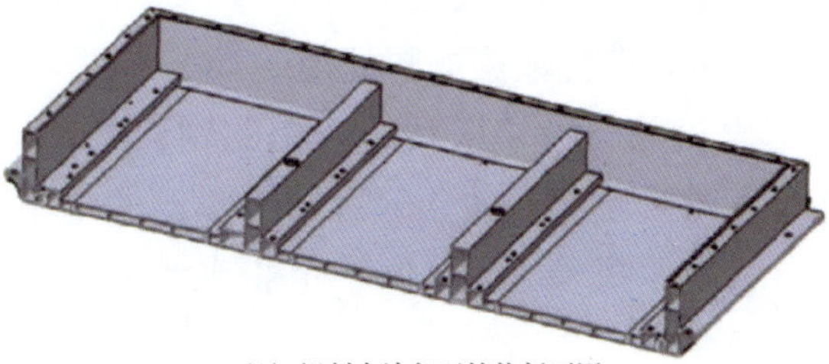

(b) 铝制电池包下箱体剖面图

图5-27 钢制和铝制电池包下箱体底板

5.4.4.4 热失控及热蔓延

热失控是指电芯的电流和内部温升发生一种累积的互相增强而导致电池损坏的现象。引起锂离子电池热失控的因素主要有外部短路、外部高温和内部短路。

由于电池发生热失控热蔓延会对人身和财产安全带来很大风险，所以在设计电池包时，需要重点研究如何阻止热失控、热蔓延的发生。在电芯层级改变电芯体系，提高电芯热失控的温度等措施，努力做到本征安全；在PACK层级增加多重防护，当电芯热失控后，零蔓延时，努力做到被动安全。PACK主要在以下五方面进行防护：

（1）增加特殊传感器（压力/气味等）提前预警，并触发电池热失控抑制策略（如系统断电，开启液冷等）。

（2）针对不同体系的电芯，成组设计时采用合适的隔热方案，降低电芯间的热量传递速度。

（3）模组与模组间增加阻热间隔，形成相对独立的空间。

（4）引导热失控排气按照特定的通道排出，消除排气对其他模组的干扰。

（5）优化防爆阀设计（数量、布置位置、开启阈值）及增加PACK上盖的强度和防火性能。

电池系统热管理是根据整车典型的运行工况、锂离子电池的发热功率、整车的功能需求等，选择合适的热管理方式，制定热管理控制策略并设计合理的热管理系统布局。保证电池包各个电池都在合理温度范围内，同时维持电池包内各个电池及电池模组之间的温度均匀性，确保电池系统的有效运行。

5.5 数据采集与监控

5.5.1 硬件平台

车端的无线传输原理是将车辆上关键的CAN信号进行说句筛选，通过T-BOX内置的4G模块将数据进行上传，再借助附近的移动通信基站将数据获取至第三方平台进行实时监控并显示，其间会进行数据加密处理。

T-BOX硬件的内部电气架构有主天线及备用的副天线，保证数据的可靠发送，支持多种唤醒模式及网络通信模式，便于兼容未来车辆的电子架构的迭代升级。基于此硬件平台可开发电脑及手机端App，便于企业或者个人对车辆信息进行远程监控、定位或者指令发送。

相关模块的参数信息：

（1）Modem通信模块：高通CAT4平台，支持FDD-LTE、TDD-LTE、WCDMA、GSM等制式。支持Ethernet接口与AVN数据共享。

（2）应用处理器MPU：ARM-Cortex A7 RISC处理器、Linux系统，处理通信路由交换。

（3）车身处理器MCU：车规级，处理车辆信息交换。

（4）GNSS：支持GPS、GLONASS卫星系统。

（5）CAN收发器：1路CAN-FD。

（6）G Sensor：3轴传感器，支持熄火状态碰撞与拖车唤醒报警。

（7）备用电池：支持外部供电失效后的业务运行。

（8）静态电流：<2.5mA。

（9）可扩展8 ~ 64GB EMMC：支持大数据采集和存储。

（10）高通 MDM9628 套片。

支持通信制式：GSM / UMTS / HSPA / LTE-TDD / LTE-FDD；支持LTE Cat-4；支持 Vo-LTE。

（11）工作温度范围：-40~85℃。

（12）应用处理器：内置ARM Cortex A7 处理器（1.2GHz）。

（13）Flash：512MB。支持语音/短信/数据传输等功能支持EU eCall。

5.5.2 系统软件平台

图5-28和图5-29可实现对当前车辆的对应定位、关键信息的获取（例如电池信息、电机电控数据等高关注度信息），另外基于此平台可以初步实现故障车辆的初步问题判别，提高维修救援的效率及针对性。对于大规模运行车队的管理有极大的促进作用。

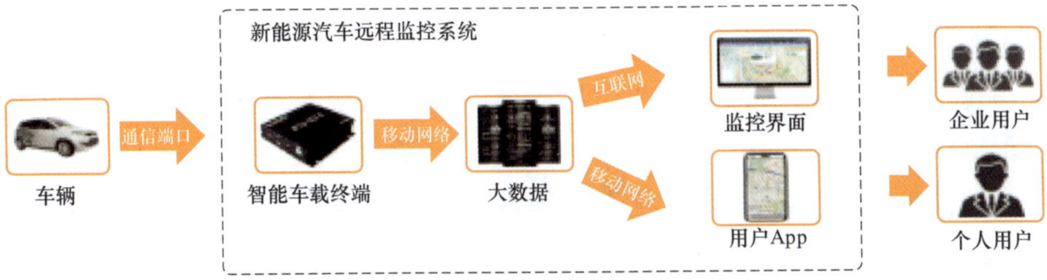

图5-28 监控平台信息传输路径

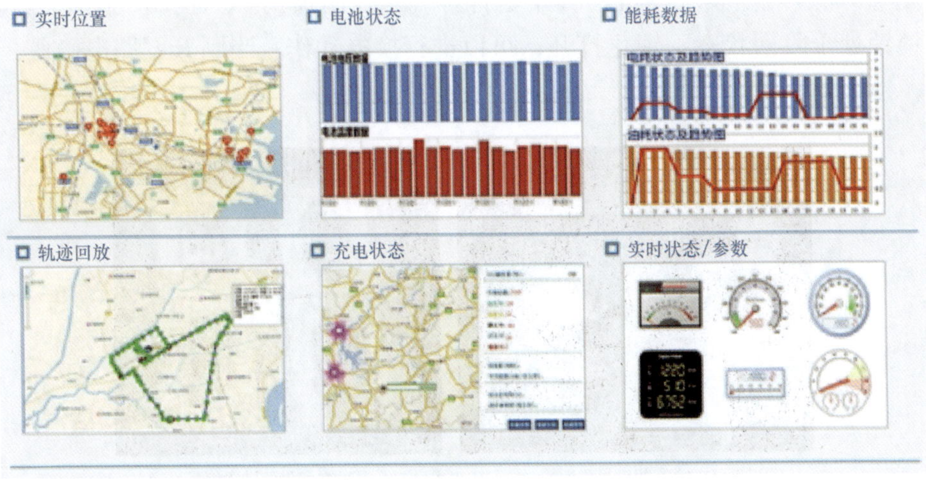

图5-29 T-BOX相关功能信息

5.6 接口设计

以当下批量在用的某充换一体托架为例，适配牵引车及自卸车，展开关于换电接口的方案论述。

充换一体托架安装在某牵引车驾驶室后方的纵梁上，自身携带换电控制器，其工作电源来自车端提供的24V工作电源，如图5-30所示。其作用如下：

图5-30 换电接口

（1）支持CAN通信功能，可与车端整车控制器VCU及电池管理系统BMS进行信息交互，保证彼此确认状态。状态包括：换电准备就绪、换电解锁完成、换电锁止完成、车辆换电完成等。

（2）检测换电锁紧机构当前状态，锁紧或者解锁状态，保证可行走或者停车换电条件准入。

（3）控制换电锁止机构打开或者锁止（如图5-31中展示为单边，实际为双边6处锁止），通过对锁紧气动机构气路是否打气来控制锁销。当控制气路电磁阀打开时，锁销处于收回状态，锁止打开，可以进行换电动作；当断开气路电磁阀，锁销回弹，锁止处于锁紧状态。

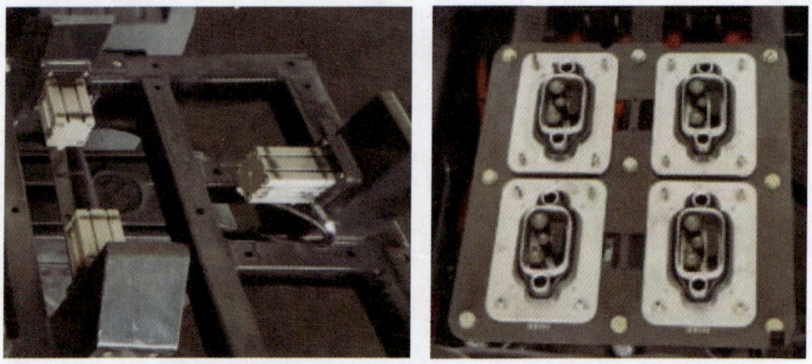

（a）单边锁紧机构　（b）充换电接口连接器

图5-31 充换电连接器连接

（4）故障判断，当6处锁紧机构处于非预期状态，例如非正常锁止或者无法完全打开，该控制器会将故障信息上报至CAN 网络，车辆仪表会提醒驾驶员及时停车进行安全检查，保证实际安全运行。

（5）充换电连接器连接状态检定，充换电连接器内部会设定低压检测回检PIN脚，当电池包坐落完成后，若存在连接错位，换电控制器通过回检PIN脚上电压性质判别其连接故障，上报换电失败信息，提醒换电站设备进行再次电池吊装校准。

（6）温度预警，在充换电连接器处内置温度传感器，一般选定PT100作为常规标准型号。当在电池放电或者充电长时间进行时，可能会存在散热不良导致的局部温度过高，此时可设定不同的温度阈值作为功率限制条件，减小电流流经连接器或者暂时停止充放电工况，避免出现热失控现象。

282kWh动力电池包参数见表5-3，423kWh动力电池包参数见表5-4。

表5-3　　282kWh动力电池包参数

项目	参数	备注
额定容量（Ah）	456	
额定电压（V）	618.2	
电芯类型	磷酸铁锂	
额定能量（kWh）	282	
连接方式	4S2P	8个标准箱
充电电流（A）	1C	设定值，保证循环寿命
放电电流（A）	1.2C	短时10s以内
温度调节方式		电加热/液冷冷却
可用电压范围（V）	480~700.8	

从电池的实际工作参数，充放电的电流数值均超过单个连接器最大载流能力，因此将充换电均设置为两支路（充电两支路连接器，放电两支路连接器），规避载流过大带来的安全隐患。

表5-4　　423kWh动力电池包参数

项目	参数	备注
额定容量（Ah）	684	
额定电压（V）	618.2	
电芯类型	磷酸铁锂	
额定能量（kWh）	423	

续表

项目	参数	备注
连接方式	4S3P	12个标准箱
充电电流（A）	1C	设定值，保证循环寿命
放电电流（A）	1.2C	短时10s以内
温度调节方式		电加热/液冷冷却
可用电压范围（V）	480~700.8	

从423kWh动力电池包的参数来看，由于匹配的是重载版本的自卸车（非道路用车，一般载货总重在100t左右），因此其驱动电机会选择更大功率，在总电压平台不变的前提下，放电电流相较牵引车平台会有较大增加，若沿用原有的放电连接器，其数量需要增加至3支路。当然伴随着大家对充电时长的要求更短以及更大功率运输场景的需求，大电流的高压连接器已经亟需研制并生产，随着换电产品出货量的不断增加，总体各关键产品成本也会出现下降趋势来迎合市场。因此，三支路很可能变成双支路出现在实际产品中，而282kWh动力电池包的场景可能会变成单回路。

而对于充电回路来讲，目前主流充电桩一般将最大电流限制在单枪250A（考虑到实际的散热风险及产品安全耐流因素），因此依旧保持双枪双回路即可。

基本高压电气架构，从左边来看是12块标准电池C箱，通过电池端高压箱分流出来至放电回路及充电回路，高压箱内部集成各回路继电器及保护回路、触点粘连检测、电池加热及冷却系统回路，通过高压箱外接充放电高压连接插头，与换电总成托架进行连接，总体形成一个电池端完整内系统。

换电托架固定于车身，通过换电接口与电池进行连接，完成电能传输通道的建立。充电端连接至直流充电插座，满足GB/T 27930—2015的相关要求，与外部直流充电枪进行连接。另托架三支路放电回路通过高压线缆与车端多合一高压箱（PDU）连接，多合一高压箱（PDU）对外完成电能的分配。高压箱（PDU）对外连接部分及功能包括：

（1）具备短路保护、高压互锁检测、继电器粘连、预充保护等功能，保证高压用电的绝对安全。

（2）通常内部会冗余高压绝缘（电池端高压箱也会带该功能，忽略成本因素），避免外部电路短路导致危险扩大化，将危险控制在初始发生阶段。

（3）对外连接电机控制器MCU、电动助力油泵系统、电动制动气泵系统、电源转换器DC/DC、电动压缩机、电加热PTC。

（4）最右端即为低压部分，主要是对电池系统及换电系统端进行低压电输入、相关的信号通信、车端与控制器之间的硬线信号输入。伴随着CAN信号矩阵的不断丰富，基本硬线信号已经逐步被取消，减少线束成本的同时也避免了额外的故障发生概率，增强了系统的可靠性。

（5）如图5-32所示，最左侧部分为电池系统，对于未来的换电方案，可以将右侧车端的换电托架只保留放电部分，充电站端只保留充电功能即可。减少高压连接器的实际使用量，进一步降低物料成本。

至于将来的更高电压方案，即电池串联数增加，对于接口来讲，最大的挑战在于连接器的耐高压问题。就对标目前乘用车来讲，大家不断向800V电压平台迈进，其中涉及整个产业供应链的再开发，当然其中的好处是提高了整个驱动系统工作效率，有效增加了续航里程（在不改变电池容量的前提下），未来的新能源化发展方向必将向高电压平台进发，其实际的用料成本也会相应增加。

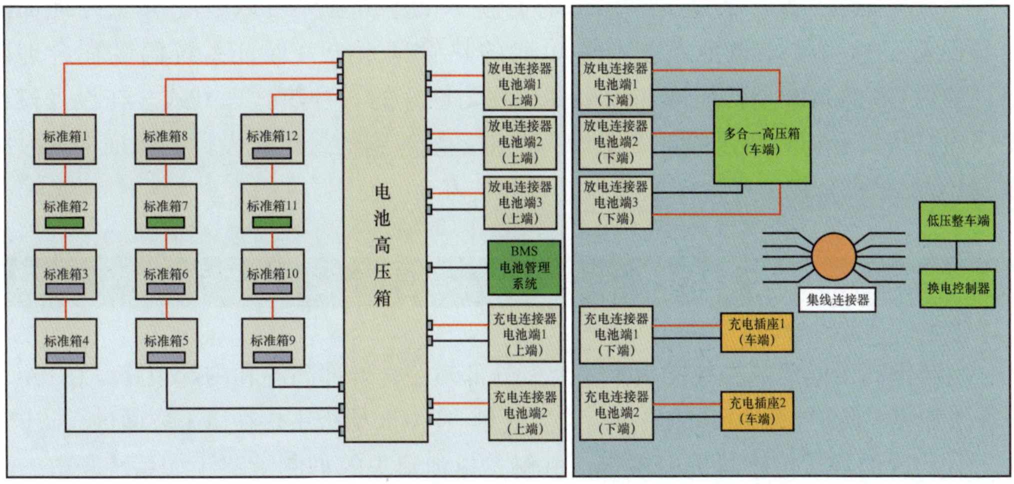

图5-32 重载矿用自卸车充换电版高压原理图

5.7 未来发展趋势

随着近几年新材料和新技术在电池箱中应用，电池系统的能量密度、电芯成组方式、材料的应用都有很大的改变，并在以下方面进一步推进产品的进步。

5.7.1 提升系统能量密度

电池能量密度提升的思路包括增加活性物质含量、减少非活性物质用量和电池整体结构的改进。三元正极提升镍含量、铁锂正极掺锰、石墨负极掺硅都可提升比能量，此外降低集流体和隔膜等非活性物质的厚度和质量，利用无模组技术进一步减少模组框架结构和电池质量，都可以起到提升电池能量密度的效果。

提高电池系统集成效率主要有两种途径：一是优化电池包（PACK）内部的结构设计，减少PACK内部的组件数量，将更多的组件和功能集成在模组和箱体上，从而减轻质量；二是采用轻量化的材料，如采用铝型材或复合材料代替高强度钢，铝合金壳体在质量方面较钢质材料优势明显，且具有优异的高温耐腐蚀性、良好的导热性以及较好的加工成型性。采用塑胶件代替金属件等，SMC材料具有优异的轻量化效果，且价格低、耐腐蚀性好、绝缘性好，是目前较受欢迎的电池包壳体的轻量化替代材料。

5.7.2 温度适应性

冬天可以在-20℃，甚至-30℃的低温下工作，夏天可以经受50℃的地面高温不趴窝，这就要求电池系统有着可靠的热管理系统，保证系统温度在合理区间，液冷/液热系统是目前冷却效率高、均匀性好的一种热管理方式。在设计过程中，通过仿真分析和测试验证等手段，使得系统达到的最优化设计，保证电池系统在-30～50℃的使用温度范围以及大倍率和长寿命的使用。

5.7.3 热失控、热扩散

引起锂离子电池热失控的因素主要有外部短路、外部高温和内部短路。在PACK层级增加多重防护，当电芯热失控后，零蔓延。PACK层级主要在以下方面进行防护：

（1）增加特殊传感器提前预警，并触发电池热失控抑制策略（如系统断电，开启液冷等）。

（2）成组设计时采用合适的隔热方案，降低电芯间的热量传递速度。

（3）模组与模组间增加阻热间隔，将形成相对独立的空间。

（4）引导热失控排气按照特定的通道排出，消除排气对其他模组的干扰。

（5）优化防爆阀设计（数量、布置位置、开启阈值）及增加PACK上盖的强度和防火性能。

PACK技术涉及多学科、多领域的知识，需要跨学科的技术融合，需要综合性的、系统性的产品开发思维，不能简单地把电化学、电子、电气、机械等作为核心技术看待，还要看到PACK产品所涵盖的材料、热交换、电磁兼容等方面的技术特征。能够量产一个寿命、稳定性、可靠性、安全性都完全符合汽车级要求的PACK产品，需要大量的工程实践、理论计算、计算机仿真和测试验证，还需要基于足够数量的产品进行迭代设计，不断地优化和完善。

第6章 换电过程的自动控制

6.1 换电流程

换电流程如图6–1和图6–2所示。

（a）第一步：车辆驶入换电站

（b）第二步：取车辆电池包

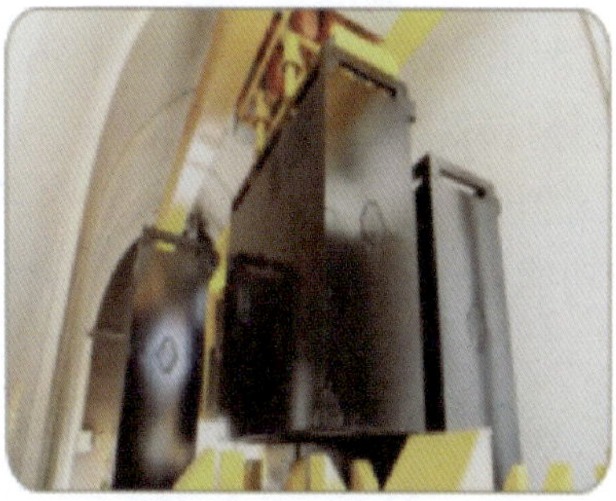

（c）第三步：放下亏电电池包，再取满电电池包

（d）第四步：将满电电池包放到车上完成换电，车辆驶出

图6–1 换电流程示意图

6.2 无人值守技术

换电站无人值守技术应遵循“智能、安全、高效、环保”原则，优先采用技术成熟、结构简单、自动化程度高、少维护的高可靠性设备。

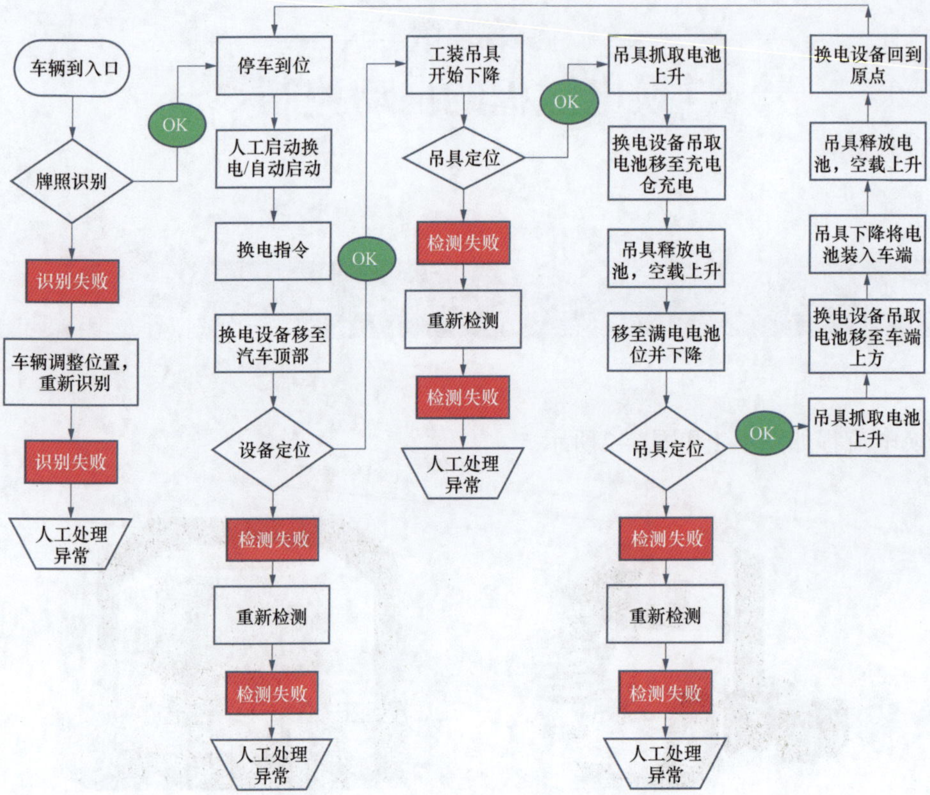

图6-2　换电流程节点

无人值守换电站具备完善的防火、防盗等措施。换电站内应满足安全工具等存放需要。应适当考虑换电站检修、保电、防灾等特殊需要。换电站安全自动装置应选用性能稳定、质量可靠的微机型产品，满足继电保护反事故措施，设备符合相关标准和有关规程规定要求，并应具备信息远传功能。

换电站信息采集应满足无人值守的运行要求。通信配置应支撑无人值守换电站各分系统对通信的需要。原则上至少运营平台、大数据中心和监控中的通信配置应满足双通道的要求。

换电站具有车牌识别系统，识别车牌可以有效防止不匹配车辆进入站段。交直流电源设备应根据无人值守换电站的实际地理和交通条件考虑适当提高配置，应具备远程监视和控制功能。同时站段应配置相应的视频安防、消防、环境监测等系统，并应能够实现远程监视控制。

监控平台系统配置应满足无人值守换电站安全运行要求，满足站段的主要设备进行安全监视和运行控制的要求，满足换电站设备操作的防误闭锁要求，满足电力二次系统安全防护要求，满足对事故和异常情况的处理要求，能够充分利用换电站和监控系统的设备功能，提高换电站运行管理水平。监控系统设备的选型应做到安全可靠，技术先进，应采用具有开放性和可扩充性、抗干扰性强、成熟可靠的产品。

监控平台系统首先需要设置独立的监控中心控制模式，其次与换电站自动化系统合一的集中控制模式（包括SCADA系统的远程工作模式）。各区应根据实际情况选取适合的模式。监控系统能实现换电站可靠、合理、完善的监视、测量、控制，具备与换电站设备系统交换信息的能力。

监控平台主要功能：车辆识别、充电监控、换电监控、配电监控、环境监控、车辆监控、有序充电、计量计费、联网运营、事件管理、统计查询，如图6-3所示。

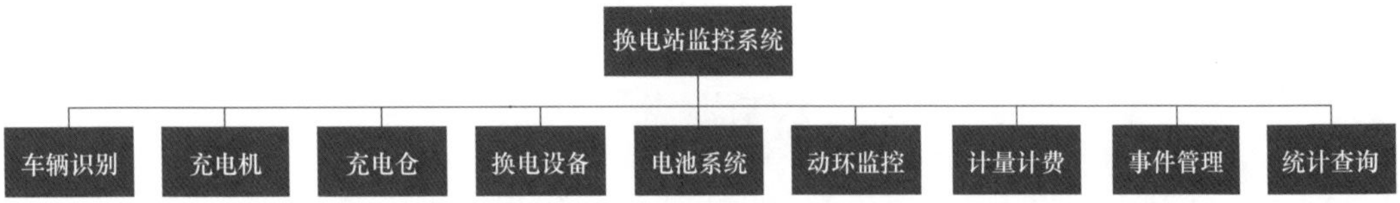

图6-3　监控平台主要功能

（1）车辆识别：在充换电站入口处，自动识别车辆牌号，将数据记录并上传至监控平台，同时打开道闸系统，让车辆驶入（道闸依实际运营情况而定）。

（2）充电监控：可以对充电过程进行全程实时监控，监控对象包括充电机、电池系统、充电仓位、车载BMS等信息。

（3）换电监控：可以对换电机器人进行控制，对换电流程进行全程实时监控。可以采用充电完成时间优先及充电次数优先等多种更换策略生成更换指令，并下发给机器人。

（4）配电监控：可以对充换电站内配电系统进行实时监控。

（5）环境监控：可以对充换电站内温度、湿度、安防等环境设备进行实时监控。

（6）车辆监控：可以与车载终端通信，对电动汽车进行基于GIS的全程监控管理。车辆定位系统（Vehicle Positioning System）是由全球卫星定位系统（GPS）和地理信息系统（GIS）组成，可以实现对车辆的跟踪和定位。

（7）有序充电：根据充电设施输出功率、电池状态、用户需求、电网调度指令等因素对充电方案进行优化设计，实现自动安排充电时间、充电功率的功能。

（8）计量计费：依据充换电时间、充电电量、换电记录、峰谷电价、车辆运行信息等进行计量计费。

（9）联网运营：监控预留上传接口，可以与各种电动汽车充换电运营管理系统通信。

（10）事件管理：对充电机启停操作、充电机故障、电池BMS故障、机器人故障、烟雾报警、配电故障等事件进行记录。重要事件采用声光及文字、推送图片等方式实时报警。

（11）统计查询：充电机故障记录统计查询、充电机充电记录统计查询、车辆充电记录统计查询、车辆换电记录统计查询、车辆报警信息统计查询及车辆线路管理、充电电量和充电次数的统计报表查询（日报表、月报表、年报表、多日分时统计、多日分段统计）。

6.3 关键评判指标

选择合适的评判指标和方法是评价工作的首要任务，换电站关键评判指标主要包括技术性指标、经济性指标、社会性指标、实用化指标，如图6-4所示。

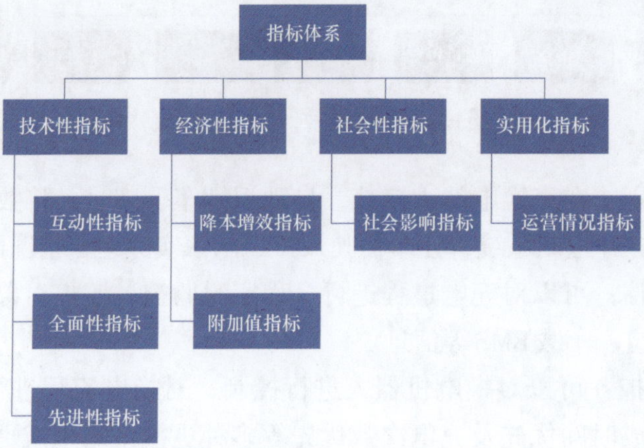

图6-4 关键评判指标

6.3.1 技术性指标

技术性指标包括互动性指标、全面性指标和先进性指标。

6.3.1.1 互动性指标

互动性指标应满足换电站顺序控制、集约型管理，并可与相邻换电站、车辆、运营商、用户等协同互动。互动性是反映智慧换电站群、自动化系统、信息采集与相关系统进行信息交互的能力。互动性指标主要包括信息标准化、配置标准化、功能互动化等。

（1）信息标准化是智能换电站群的基本要求，该指标主要用于衡量智能变电站内部与外部所有交互信息的模型、接口与服务的标准程度。

（2）配置标准化为定性指标，衡量换电站设备、数据建模和通信配置标准化程度的指标。

（3）功能互动化也为定性指标，主要是考核维护以及通信协议标准化等方面的互动能力。

6.3.1.2 全面性指标

全面性指标主要反映换电站的智能化、数字化程度，主要衡量站内设备，如：

换电机器人、消防系统、电源系统、充电系统、照明系统、监视系统等。全面性指标包含：一次电力设计、换电机器人及其控制系统、换电站充电系统、消防系统、视频监控、消防应急系统、交换机配置、通信、电气布置等分级指标。

6.3.1.3 先进性指标

先进性指标主要是指换电站的智能性、易操作性、易维护性等评价指标。换电机器人/设备作为换电站主要设备，集中体现了换电站的先进性，易操作性、易维护性也是换电站的先进性的主要体现，换电站性能越高，功能越复杂的同时，对操作维护提出了更高的要求，站段控制功能在保证换电安全的前提下减少换电动作时间、提高换电效率；换电站状态监控系统自动采集站内运行信息，并对换电站设备状态进行分析，及时安排设备维护。

6.3.2 经济性指标

换电站工程项目经济性主要表现在降低成本、增加效益等。项目可通过节约征地面积、建筑面积和建筑工程量减少工程施工费，控制工程造价。另外通过监控系统使换电站设备运行、检修工作量下降，综合维护费用减少，同时可以减少换电站运行值班人员和系统维护人员的工作量。还可以根据当地优势条件，结合风光储等绿色能源，不仅提高风光发电的利用率，同时还能为在碳积分上获得更多利益。

6.3.3 社会性指标

社会性指标主要指节地节材、节能、环保等方面，包含节约土地面积和节约建筑工程等，同时在节能、环保政策上，是否有效节约能耗，同时是否能保护环境等。

6.3.4 实用化指标

实用化指标主要是分析换电站是否在实际生产过程中发挥了应有的作用，主要包含实用化程度和商业运营管理等具体指标。

6.4 常见故障与处理

商用车换电站常见故障大致可分为：车/站间故障、换电站设备故障、系统软件故障、充电故障等。

（1）车/站间故障。车辆进入换电站，车辆通过T-BOX与站段通信后，换电设备开始启动换电。从实际运营情况看，车/站间故障集中在通信干扰、车辆停止不到位、传感器失效、车端锁止结构失效等故障。通信干扰检测是否有其他通信电子电器设备干扰，如有，则关闭其他电子电器设备。车辆停止不到位，驾驶员再启动车辆，重新调整车辆位置。传感器失效，此类问题会经常出现，在于车端锁止信号在车辆运行中颠簸产生位移或者环境天气等原因导致失效，定期对车端支架进行检查，确保传感器处于正常工作状态。车端锁止结构的有效性是换电成功的关键要素。商用车行驶路况复杂，锁止结构往往在车辆换电过程中卡滞失效，一般可通过手动解锁方式应急处理。定期对车辆锁止结构进行维护，才能有效解决锁止失效的问题。

（2）换电设备故障。有视觉定位故障、驱动电机故障、传感器故障等。视觉定位故障在车辆驶入换电站后，换电设备需要对电池包进行精确定位，以确保换电设备抓取电池包，视觉定位易受光线、风沙及异物等影响，往往会出现报警或误判，通过安装补光、防沙防尘罩等保护措施，以及定期清除被拍照区域，确保视觉定位功能有效使用。驱动电机故障一般在换电站后期时会发生，可在站段备用一套电机，出现异常时，临时更换以保证换电站运营，传感器故障也是如此。

（3）系统软件故障。系统软件是大脑，在出现故障时，可改为半自动模式，由人工处理进行换电动作，以确保应急使用。

（4）充电故障是指充电机与电池系统之间连接故障，连接时通过快换连接器进行高低压连接，快换连接器作为备件，以防止应急情况发生。

第7章 换电站

7.1 一般结构

换电站一般主要由供配电系统、站用电系统、充电系统、换电系统、监控系统等组成。

7.1.1 供配电系统

换电站供配电系统主要由高压开关柜、变压器、低压配电柜等部分组成。

（1）高压开关柜。

一般配电系统采用主、备双电源供电方式，高压开关柜设进线柜、电压互感器防雷器柜、对应变压器的出线柜、母联柜及直流屏。

（2）变压器。

变压器根据换电站容量配置，一般可选择两台变压器，每台变压器承担换电站一半的负荷；若换电站容量较大，也可选择多台变压器，因站用电量较小，可选择其中一台为其使用，其他变压器用作充电系统。

（3）低压配电柜。

低压配电柜一般设主线柜、配出柜、分段联络柜及有缘滤波柜。接地系统采用变压器中性点直接接地系统，接地电阻不大于4Ω。

7.1.2 站用电系统

站用电系统（见图7-1）主要由照明、暖通、空调、检修、插座、换电设备等组成，也可以给直流屏直接供电。同时换电站内应配置不间断电源（UPS），以备意外停电时供监控系统使用。

7.1.3 充电系统

充电系统由充电机及电池底座组成，根据设计容量，选择充电机的数量及电气性能参数；电池底座应按照电动汽车换电时的便利性和时效性布置。

图7-1　站用电系统

7.1.3.1　充电机

充电机一般需要具备以下功能：

（1）根据电池管理系统（BMS）和后台监控系统提供的数据，动态调整充电参数、自动完成充电过程。

（2）通过以太网或CAN接口与监控系统通信，用于将电池信息、充电机信息上传到换电站监控系统，并完成来自监控系统的指令。

（3）通过CAN接口与电池管理系统通信的功能，获得电池包参数及充电电池的状态参数。

（4）能够显示直流电压、直流电流等必要的信息。

（5）实现外部手动控制的输入设备，可对充电机参数进行设定。

（6）具有待机、充电、充满等状态指示，并将此信息送至换电站设备监视控制系统。

（7）故障时有相应的告警信息。

（8）具备交流输入过电压、欠电压保护、交流输入过电流保护、直流输出过电压保护、直流输出过电流保护、内部过温保护等功能。

（9）能判断电池箱是否连接正确，与电池包正确连接后，充电机才能允许启动充电过程。当充电机检测到与电池包的连接不正常时，必须立即停止充电。

7.1.3.2　电池底座

电池底座是一种带有充电接口的立体支架，可实现对电池包进行存电、充电、监控等功能，具有良好的稳固性、承重能力、绝缘能力等。充电接口具备充电、控制、通信等功能，可根据电池包换电方式布置，应尽量避免人为操作。

7.1.4　换电系统

7.1.4.1　换电系统

换电系统（见图7-2）主要设备为换电机器人，其换电过程为：机器人取下电动汽车电池放入空电池底座，再将充满电的电池取下放进电动汽车内，更换完成。重卡、矿卡换电站的换电机器人主要分为顶吊式及侧插式两种类型。

图7-2 换电系统

（1）顶吊式换电机器人（见图7-3）一般配备有X和Y方向行走的多维行车和Z方向卷扬吊升系统。其优点在于能够在短时间内完成电池包的更换，覆盖范围广，单台可配套电池多，技术较为简单，设备成本较低。其缺点是需配套的换电站高度非常高，维修困难，桁车被定义为特种设备，操作及安装人员需持有特种作业证，建站需审批，手续复杂。

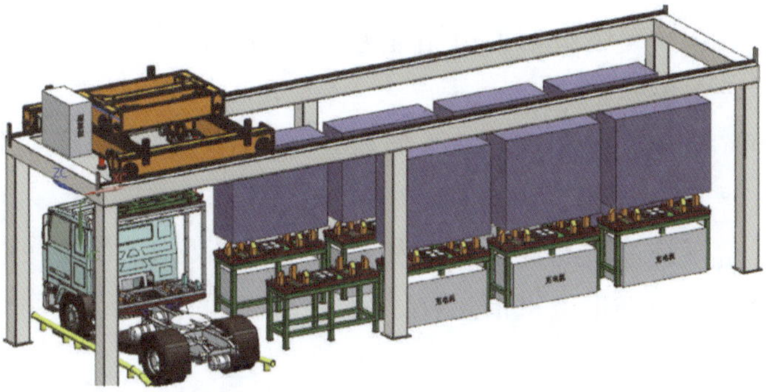

图7-3 顶吊式换电机器人

（2）侧插式换电机器人构成主要包括：货插装置、行走机构以及提升机构。其优点在于结构简单，集成化程度高，换电站高度低，更容易在城市建设，配套电池包安装在电动汽车两侧，重心低，锁止结构简单。其缺点是换电站占地面积大，成本较高，因电池包安装在电动汽车两侧，离地距离近，所以通过性及安全性较低。

7.1.4.2 监控系统

监控系统（见图7-4）主要包括：换电站设备监视控制系统、车辆远程监视系统、调度系统以及安防系统。

7.1.4.2.1 换电站设备监视控制系统

换电站设备监视控制系统作为换电站自动化系统的核心，主要包括监控后台、

图 7-4　监控系统

充电机控制系统，配电监控系统、电池更换监控系统、计量计费系统等。

（1）监控后台主要完成采集、处理、存储来自充电机及配电系统的数据，提供图形化人机界面及语音报警功能，完成系统的数据展现及下发控制命令，用以监控充电机及配电系统的运行，提供针对换电站系统的智能负荷调控等高级应用功能，为换电站安全、可靠、经济运行提供保障手段。

（2）充电机控制系统是充电机的一部分，是充电机的控制中心和通信枢纽，负责与换电站后台系统交换数据，完成充电机的充电控制，与BMS通信获取电池状态和运行信息，完成充电过程的联动控制，为换电站安全、可靠、经济运行提供保障。

（3）配电监控系统负责针对换电站配电系统的监控及保护功能的实现，与换电站后台系统实现双向数据交换。

（4）电池更换监控系统相对独立，但需要充电机控制系统以及换电机器人的信息支持，同时也要为后台监控系统提供必要的状态信息。

（5）计量计费系统通过与计量表以及充电机信息交互，得出换电站的用电量以及每块电池的充电量，并把电量信息存储到数据库中，确保随时能够实时获取电量信息。

7.1.4.2.2　车辆远程监视系统

车辆远程监视系统由远程管理服务平台及车辆终端组成，车载终端通过CAN总线实时获取控制器的数据和故障状态，同时采集三电系统部件信息，结合GPS传感器获取定位信息和行驶车速，并将这些数据通过网络发送到远程管理服务平台。用户通过可以连接到互联网（Internet）网络的计算机对车辆数据进行监控和分析。

7.1.4.2.3　调度系统

换电站配置的电池包一般远少于运营车辆，为了避免多辆车辆扎堆换电或电池包未满电的情况下出现车辆等待情况，可通过调度系统的智能算法，配合车辆远程监视系统以及换电站设备监视控制系统，根据换电阈值或提前干预的方式保证换电站正常换电，提高车辆运行效率。

7.1.4.2.4 安防系统

安防系统主要由图像监控系统以及火灾报警系统组成。

（1）图像监控系统主要由RVU、摄像机、联动控制设备、供电设备、监控终端组成。图像监控系统可实现防盗防火功能，对设备、场地、值班室、电气室、换电区域等实时监视。

（2）火灾报警系统主要由烟雾报警器、温度报警器、手动报警按钮、声光报警器、消防主机等组成。发生火灾时值班员可迅速处理，保证人身及换电站安全，火灾报警系统也可与换电站设备监视控制系统联动，实现自动控制。

7.2 电气一次

7.2.1 电源引入点

7.2.1.1 变电站（所）

变电站是改变电压的场所，为了把发电厂发出的电能输送到较远的地方，必须把电压升高，变为高压电，到用户附近再按需要把电压降低，这种升降电压的工作靠变电站来完成。变电站的主要设备是开关和变压器。按规模大小不同，小规模的称为变电所，变电站规模大于变电所。变电所一般是电压等级在110kV以下的降压变电站；变电站包括各种电压等级的“升压、降压”变电站。换电站电源可将降压变电站低压侧10kV或35kV电源引入配电室进行二次变压。

7.2.1.2 开关站（所）

开关站（所）建在城市主要道路的路口附近、负荷中心区和两座高压变电站之间，是汇集若干条变电站10kV或35kV出线作为电源，以相同电压等级向用户供电的开关设备的集合，主要起传输作用，并且具有出线保护作用。换电站电源可将降压变电站低压侧10kV或35kV电源引入配电室进行二次变压。

7.2.1.3 配电室

配电室是将电送到用电设备或用户的站点，是电网的末端，它上连变电站，下连各用电设备。一般配电室的容量较小，电压等级在35kV以下。

7.2.2 电源引接方式

（1）单路进线配电方案。单路进线的配电方案属于点状配电方案，也是最简单的配电方案。单路进线的配电方案仅能对负荷提供最低水平的供电可靠性，因为一旦供电中断后没有冗余电源提供第二路电能支持。

（2）双路进线配电方案。双路进线配电方案有2套电力变压器与2套进线回路。双路进线配电方案中的2套电力变压器可单独供电或者并列供电。若电力变压器单独供电则两进线开关之间需要配备机械或电气合闸互锁。当某路供电中断时，系统能立即切换到另一路供电，因而提高了供电的可靠性。

（3）环形进线配电方案。环形进线配电方案能够实现最完善的供电可靠性。4套单路进线的系统两两相连接成环形供配电网络。当本段的进线出现供电中断后，本段母线总能从两侧中的某侧系统中获取电能。

（4）采用不间断电源配电方案。UPS在其内部安装了电池组，有时电池组也可能外置。当外部供电电源正常工作时，外部电源整流电路对UPS内部的电池组实施充电操作，同时又通过逆变电路对负载输出正常工作电压；当外部供电电源停止供电时，则外部负载完全靠电池供电，电池供电时间视电池的容量从20min到数小时或更长的时间。当UPS本身发生故障时，UPS内部的旁路通道执行旁路操作。

7.2.3 配电网主要设备

（1）进线隔离柜。高压配电接线中，要求电源开关与电源（线路）之间有一个明确的断开点，以保证检修时能够看到电源是被断开的。为确保人身安全，所以在高压柜进线开关前，往往设置一个隔离柜，隔离柜中设置隔离开关或者隔离开关小车，在停电检修时将此隔离开关打开，以保证高压柜与电源断开。

（2）计量柜。计量柜是计量电能用的。包含的设备有：①电流互感器，为电能表提供电流信号；②电压互感器，为电能表提供电压信号；③高压熔断器，为电压互感器提供过电流保护；④三线三相电能表，用于计量电能。

（3）进线柜。是一段母线的进线开关柜，内装有主断路器。

（4）TV柜。TV柜又称电压互感器柜；一般是直接装设到母线上，以检测母线电压和实现保护功能。TV柜内部主要安装电压互感器（TV）、隔离开关、熔断器和避雷器等。

（5）母联柜。母联柜内部主开关是真空断路器，电流流经隔离柜，通过真空断路器进行控制。真空断路器相较于隔离开关具有更多保护功能。母联柜以此达到两段母线之间的安全联络作用。

（6）隔离柜。又称母线隔离柜，内部有隔离手车，高压电缆一般从隔离柜下口接入。其作用主要是和外部电源隔开。

（7）配电变压器。配电变压器指用于配电系统中，根据电磁感应定律变换交流电压和电流并传输交流电能的一种静止电器。

（8）直流屏。高压配电室直流电源柜，就是一个不间断电源，它主要用作控制、保护、监控和操作断路器等的电气电源。

（9）电容柜。补偿无功功率、提高电能质量、降低系统损耗的补充装置。通过自动补偿控制器收集到负荷端的无功损耗（功率因数）情况，自动进行电容补偿的投切动作，从而达到减少无功损耗、提高功率因数的目的。

（10）低压联络柜。两路母线联络开关。

（11）低压馈线柜。低压馈线柜又称出线柜，将总电源电能分配输出的一个总开关。

（12）计算机监控系统。计算机监控系统能实现对开关站运行设备可靠、合理、完善的监视、测量、控制。主要有以下功能：实时数据采集与处理；数据库的建立与维护；控制操作的同步检测；电压－无功自动调节；报警处理；事件顺序记录；画面生成及显示；在线计算及制表；电能量处理；远动功能；时钟同步；人－机联系；系统自诊断与自恢复；与其他设备接口；运行管理功能等。

1）主机兼操作员工作站：用于整个计算机监控系统的维护、管理，可完成数据库的定义、修改，系统参数的定义、修改，报表的制作、修改及网络管理维护、系统诊断等工作；负责收集、处理、存储站控层数据；作为计算机监控系统的主要人机界面，用于图形及报表显示、事件记录及报警状态显示和查询，设备状态和参数的查询，操作指导，操作控制命令的解释和下达、闭锁逻辑功能、小电流接地（选线）等。在进行维护和监控操作时应有可靠的登录保护。

2）远动通信设备：专用独立设备，无风扇设计，无硬盘，直采直送，通过点对点方式或数据网接入方式向各级调度传送远动信息。

3）防误工作站（可选）：防误工作站可以独立配置或由主机兼操作员工作站兼任，通过防误工作站实现对全站设备的防误操作闭锁功能。在防误工作站上可进行操作预演，可检验、打印和传输操作票，并对一次设备实施防误强制闭锁。防误锁具按本期规模配置。

4）公用接口设备：为用于站内其他设备接入的转换终端，无风扇设计，无硬盘，该设备为专用设备。

5）打印机：配置激光打印机（A3、A4幅面任选）。用于打印事件、报警信号、报表等。

6）声响报警装置：由工作站驱动声响报警，音量可调。

7）网络安全监测装置：技术要求应满足《国家电网公司关于加快推进电力监控系统网络安全管理平台建设的通知》的要求，网络安全监测装置应采集变电站站控层的服务器、工作站、网络设备和安防设备自身感知的安全数据和网络安全事件，实现对网络安全事件的监视、告警、分析和审计功能。

8）网络交换机：网络交换机网络传输速率大于或等于100Mbit/s，支持交流、直流供电，电口和光口数量应满足变电站应用要求。设备组屏布置或就地安装在开关柜上。

9）安全防护设备：

a.物理隔离装置：物理隔离装置采用双电源配置，功能上实现两个安全区之间的非网络方式的安全的数据交换，并且保证安全物理隔离装置内外两个处理系统不同时联通。分为正向隔离装置和反向隔离装置两种，应满足相关的具体要求。

b.防火墙设备：防火墙设备应采用交流电源供电功能满足变电站应用需求。同时应符合日志报表、管理以及自身安全性方面的要求。

10）测控装置：测控装置应具备交流电气量采集、状态量采集、GOOSE模拟量采集、控制、同期、防误逻辑闭锁、记录存储、通信、对时、运行状态监测管理、时间同步状态监测管理基本功能。具体功能要求应遵循DL/T 1512—2016《变电站测控装置技术规范》。测控装置的配置原则为开关电气设备按每个电气单元配置，母线单元按每段母线单独配置，公用单元单独配置。主变压器单元按各侧电压等级单独配置，本体单独配置，也可以配置一台主变压器测控包括各电压等级和本体。

（13）时间同步对时系统。全站配置一套公用的时间同步装置，同时支持北斗和GPS双系统授时功能，优先采用北斗Ⅱ代及以上版本。全站采用统一的时间同步装置与各系统/设备对时。同时具有时钟监测功能，时钟设备各状态告警信息、时钟精度偏差及主要设备对时偏差等相关信息接入场站自动化系统及相应调度主站系统。

时间同步系统对时范围：监控系统站控层设备、保护装置、测控装置、故障录波装置、自动装置及其他智能设备等。时间同步系统宜输出IRIG-B（DC）时码、1PPS、1PPM或时间报文，条件允许时也可采用IEC 61588对时方式。时间同步系统应具有网络口、RS-232/485等对时输出口。

（14）计量系统。计量系统包含电能量采集终端和智能电能表，可组屏安装也可组柜安装于开装柜，根据安装位置进行组屏或组柜，电能量采集终端采集每一台箱变考核计量表的信息及关口计量表的信息，通过电力调度数据网省地互备方式上传至调度主站，通过2M专线及电话拨号方式上传电力公司营销采控主站，并具备至电力公司营销采控主站的GPRS上传功能。

（15）35kV（或10kV）线路保护。35kV及以下母线、线路、分段宜采用保护测控一体化装置：集中组屏或就地布置在35kV及以下开关柜上。配置电流速断保护、过电流保护、零序保护及三相重合闸，选用保护测控一体化装置，安装于开关柜内。保护测控装置采用以太网接口接入站内计算机监控系统，装置与监控系统通信时应能满足DL/T 860（IEC 61850）协议。

（16）SVG馈线保护。配置电流速断保护、过电流保护、零序保护及本体保护，选用保护测控一体化装置，安装于开关柜内。保护采用以太网接口接入站内计算机监控系统，装置与监控系统通信时应能满足DL/T 860（IEC 61850）协议。

（17）电容器保护。由过电流保护、零序保护、过电压保护、低电压保护、三相不平衡电压+不平衡电流保护或三相桥差电流保护+开口三角电压保护、非电量保护、闭锁VQC等保护组成。装置应带有跳合闸操作回路。各项性能指标应满足相关的电力行业标准或国家标准的要求。

（18）站用变压器保护。配置差动保护、电流速断保护、过电流保护、零序保护及本体保护，选用保护测控一体化装置，安装在开关柜内。装置与监控系统通信时应能满足DL/T 860（IEC 61850）协议。

（19）母线保护。母线配置一套微机型母线差动保护，母线差动保护装置应设复合电压闭锁元件，母线保护屏不设置独立的复合电压闭锁装置。保护出口应有复合电压闭锁措施。母线保护应具有可靠的TA饱和判别功能，区外故障TA饱和时不应误动。母线保护应能快速切除区外转区内的故障。母线保护应允许使用不同变比的TA，并通过软件自动校正。

（20）主变压器保护。电压为3~110kV、容量为63MVA及以下的电力变压器，应设置主变压器差动保护、主变压器后备保护和非电量保护，可实现以下保护功能：绕组及其引出线的相间短路和在中性点直接接地或经小电阻接地侧的单相接地短路；绕组的匝间短路；外部相间短路引起的过电流；中性点直接接地或经小电阻接地的电力网中外部接地短路引起的过电流及中性点过电压；过负荷；油面降低；变压器油温过高、绕组温度过高、油箱压力过高、产生瓦斯或冷却系统故障。

（21）故障录波。分析电力系统事故及继电保护装置的动作情况，使电网调度机构能全面、准确、实时地了解系统事故过程中继电保护装置的动作行为。故障录波装置应具有故障录波组网功能、数据远传功能及同步对时功能，以及确保能记录故障前10s到故障后60s的电流、电压、保护装置动作及保护通道的运行情况等。故障录波装置具有启动速度快、动作可靠、记忆、数据远方传输、GPS对时和录制开关量动作顺序等功能。

（22）交直流电源系统。为站内的一次设备、二次设备提供交流电源或直流电源的设备。供给全站控制、动力、照明等用电负荷，其供给电压交流为380/220V，直流为220V或110V或48V。

（23）火灾报警系统。全站配置1套火灾自动报警系统，火灾自动报警系统包括火灾报警控制器、图形显示装置、消防广播系统、消防电话系统、烟雾传感器、温度传感器、声光、手报及各类模块等。

（24）视频监控系统。为保证变电站安全运行，便于运行维护管理，全站设置一套图像监视及安全警卫系统，围墙设电子围栏，进站大门及主控楼设门禁系统。

国家电网公司〔2009〕第61号文件要求进一步加强变电站安全技术防范工作，规范技术防范配置，全面提高变电站安全防护水平。视频监控系统主要采用网络传输方式，采用符合发展趋势的IP摄像头作为站端图像采集单元，高清图像的记录采用IP-SAN平台存储方案。在新建站点配置智能视频服务器，整合智能视频分析功能，实现前端+平台的网络化智能视频系统架构。

（25）二次设备布置。二次设备室备用柜位按10%～15%考虑。二次设备采用集中布置方案，即监控柜、保护柜集中布置在二次设备室或预制仓内。变电站二次设备柜体结构、外形尺寸及颜色均应统一。

电气二次是指换电站系统内部运行时所需的供电系统，主要由继电保护装置、自动装置、监控装置、计量装置、自动化系统以及为二次设备提供的电源。

7.3 消防安全

众所周知，电池系统在充电过程中，尤其是快充，安全风险是最大的，换电站作为电池系统集中充电的能源站，对安全有着非常高的要求，但由于行业刚起步，国家标准还未能完善，换电企业对于消防安全采取的措施不尽相同。早期的换电站一般都是采用人工辨认，通过消防栓或者人工使用简易的设备将有问题的电池系统搬运至换电站以外的沙坑内，这种方案完全是取决于人去观察，另外在电池系统出现异常后，一旦出现明火，那么人工操作将带来人身伤害。

随着新能源汽车行业的迅速发展，换电站越来越普及，目前一些换电站已经配备了消防安全系统。通过烟雾传感器、火灾报警、自动设备配合系统，将安全系统做到无人化、智能化，一键出仓，有效地避免了换电站内电池系统在充放电过程中带来的安全隐患。

（1）一种用于充换电站的消防系统，该系统包括：火灾探测子系统、消防决策子系统和灭火子系统，灭火子系统包括气溶胶灭火器和水喷淋装置。

火灾探测子系统（见图7-5）用于探测充换电站的目标探测区域的区域探测信息，并将区域探测信息发送至消防决策子系统；消防决策子系统用于接收区域探测信息，根据区域探测信息生成目标探测区域的火灾报警信号，并触发气溶胶灭火器进行灭火，如果检测到气溶胶灭火器的灭火时间达到预设灭火时间阈值且火灾报警信号仍未解除，则触发水喷淋装置进行灭火。

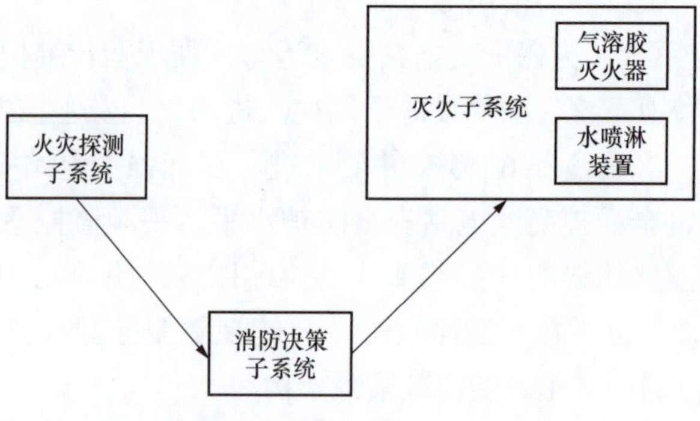

图7-5 火灾探测子系统

（2）另一种方式消防安全采用隔离式（见图7-6），也就是在出现异常情况时，系统报警后将有问题的电池系统移出换电站外，通过被动预警和主动隔离，更好地保护好站段固定设备以及人员安全。

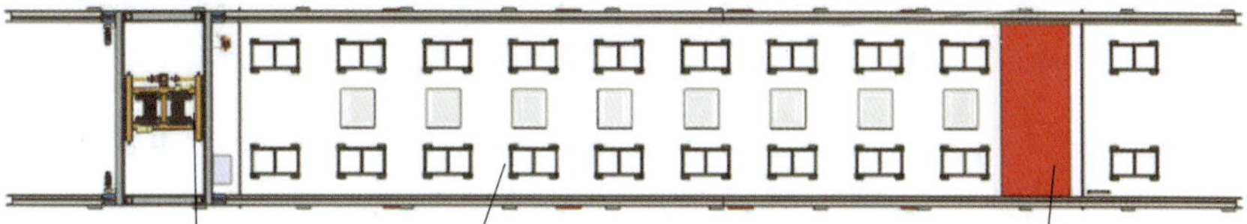

图7-6 隔离式消防

1）被动预警：实时监测电池系统充电时的电压、电流、电阻等参数，设定安全值范围，超出安全值再设定安全等级，安全等级对应几种解决方案（停止充电、返厂检修、紧急处理）；站端安装烟雾、气体、温度监测设备，异常时提供声、光报警，并反馈至换电站监控；站端安装视频监控，实时观察人员、车辆、换电站设备、充电仓等情况。

2）主动隔离：当电池包超出预警范围设定值时，通过换电设备，抓取异常电池系统，放置到消防水箱内达到消防安全作用。

7.4 移动式换电站

随着新能源商用车不断发展，传统固定式换电站建设周期长、占地面积大、电源资源紧张等问题，无法满足特定场景下的商用车运营。

根据应用场景的需求，在城市建设中的渣土车，根据基建项目，在建设完成后，渣土车会转移到下一个作业点；针对此种运营模式，国电投在城市渣土车运营模式下推出了移动式重卡换电站，如图7-7所示。

图7-7 移动式重卡换电站

移动式重卡换电站采用平板半挂车作为移动平台，将电池系统、换电设备、控制单元集成在移动平台上，移动时通过牵引车头将整个换电站移至指定区域，通过液压顶杆将换电站顶起达到换电状态。

移动式换电站用于纯电动换电自卸车、纯电动换电搅拌车、纯电动换电牵引车等电池快换。移动式换电站车头部分采用纯电动拖车头，无污染、零排放；底盘高度为90cm，重心低、换电稳定性强，采用13.75m×3m高低板甩挂车，承载能力大。移动式换电站内置7块能量为282kWh宁德时代磷酸铁锂电池，设计双充电口，支持直流快速充电，50min即可充满整块电池，可供渣土车行驶150余km。

这种方式的移动式换电站具备以下4点优势：

（1）随心随行，灵活移动，即停即换，能适应特定车辆运营场景。

（2）应对短期驻地、道路救援等多种应用场景。

（3）移动储能，动力电池自供电，无需接插市电，可利用电价谷值进行机动补电，降低用电成本，更可作为城市储能单元，参与系统辅助服务。

（4）减少投入，零施工工期，零地面破坏，零场地成本，免去土地及电力资源紧张烦恼。

国电投推出移动式换电站后，在实际商业运营时，存在以下不足的地方：

（1）免去土地审批，但在换电时还是需要有混凝土基建，在比较松软的地质上无法实现换电功能，同时如果要修建混凝土基建，势必又需要土地审批，而且在移动到下一个作业面时，混凝土基建作为永久设施只能留在原地，给当地环境又造成了污染。

（2）在实际运行过程中，换电设备与电池系统在同一辆车时，当备用电池更换完成后，换电站只能移动到充电区域去补电，这样导致了商业运营时，最少需要3套移动式换电站（一个在充电、一个在来回路上、一个在换电区域），而实际在换电时只有一套，换电设备的利用率大大降低，增加了换电站成本。

（3）此种方式只适合用于固定式换电站的补充，如在固定式换电站运营能力不足时作为短期使用，同时也可以作为救援站来使用，不能有效地作为一种周期内存在的换电站使用。

（4）使用车辆是有局限的，只能为重卡在城市的一些道路使用，涉及偏远的非道路车时，此种模式就无法使用了。

除了国电投在重卡端推出的移动式换电站外，华能集团在矿卡移动式换电上突破创新，根据实际的应用场景，推出了适用于更加符合商业运营的移动式换电站。

华能移动式换电站（见图7-8）由可移动式路基、可移动换电站、电池转运平台组成，由标准重载型牵引头作为移动动力，半挂车平台作为换电站载体，移动时通过牵引车头将整个换电站移至指定区域；电池转运平台将电池从充电区域运输至换电站侧边，矿卡换电时，通过换电设备将矿卡上亏电的电池系统抓取放置到电池转运平台车中转仓库，换电设备再抓取满电电池系统放置到矿卡上，完成换电。

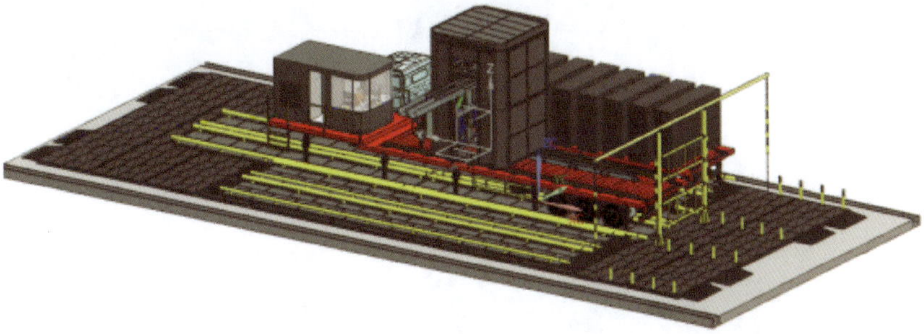

图7-8 华能移动式换电站

华能移动式换电站是从商业应用端出发，更加符合矿区以及路况较差等一些作业区域进行定期或不定期移动作业，它能解决矿区随着挖掘进度不断移动的作业面进行换电，以及在无混凝土基建的区域建设，它与固定式换电站相比具有以下优点：

（1）无需建造固定混凝土地基作为换电站的运行基础，采用移动路基平台在软土、泥泞的软路基上实现稳定、快速地换电运营。同时确保换电站基建不对环境造成污染，并能快速移动到下一个作业区。

（2）换电站快速移动，通过牵引车头将整个换电站移动，并能在新作业区快速落站。

（3）换电站无需高压配电和电网建设，解决了矿区电网建设、高压配电建设等投入。

（4）无需建设固定厂房式建筑或固定式雨棚，换电设备本体自带外观雨棚，可有效保护换电设备在露天矿区的安全平稳运行。

（5）换电站备用电池集中充电短岛配送，方便快捷，不增加换电设备的同时，也不影响换电站运行。

第8章 换电站群

8.1 概述

目前电动重卡的应用场景主要有两种：一是封闭场景，如港口、钢厂、矿山等，特点是工作区域固定而线路不固定，在有换电站的前提下，对续航要求相对较低；二是短距离运输场景，包括城市渣土运输、公铁接驳运输、煤矿到电厂短途运输等，因单程距离较短，所以对续航要求相对较低。

如上文所述，移动式换电站为在作业点的快速移动时持续给电车换电提供了可能；而当作业规模较大，一个换电站无法满足作业面的换电需求时，换电站群的概念应运而生。

乘用车换电站群目前已经初具规模，本章主要介绍商用车换电站群的通信与数据采集、智能调度系统等方面，其中智能调度系统是换电站群有效有序运行的核心，包括云平台系统构建、自动调度算法、主动调度算法、预测算法和用于迭代升级的数据仿真。

8.2 数据采集、通信与管理

应用于换电站群的数据采集、通信与数据管理以站控系统为核心，与各终端设备形成数据网络。站控系统衔接硬件端与软件端及数据端，具有承上启下的作用。

8.2.1 设备信息及站控系统

8.2.1.1 设备信息及站控系统架构

换电站能量管理系统（EMS）包括储能监控及功率控制系统、二次系统安全防护系统、远动装置（预留对外接口用）以及其他网络设备，实现该换电站系统内所有电池单体、电池簇、电池系统、储能变流器（PCS）、升压变压器保护测控等的全方位的数据采集、处理、展示、控制、历史数据维护查询，以及全站变流器的快速协调控制。且储能能量管理系统能够通过升压站远动装置接收电网调度的控制命令。

储能控制系统整体包含设备层、间隔层、站控层、调度层四个层级，设备层包括储能变流器、电池系统（电池簇、空调、辅助系统等）、分控柜（触摸屏，电池管理系统、辅助功耗计量电能表、配电系统等），其中，电池管理系统负责设备层的数据监视和控制保护，并向上级站控系统上报数据；间隔层包括工业交换机；站控层包括能量管理系统、工程师站、历史服务器。

换电站的站控系统采用以太网接入监控系统监控网，配置能量管理系统，以满足站控系统软件的运行需求，系统运行数据传送到数据服务器，两路监控数据网支持IEC 61850MMS或Modbus协议。

利用整车、换电站、智能云控平台进行智能调度，实现批量建制换电，提高运营作业效率，换电控制系统如图8-1所示。整车搭载远程监控设备，通过网络信号将整车信息发到云端共享给换电站及远程监控后台，实现24h监控，智能云控管理如图8-2所示。

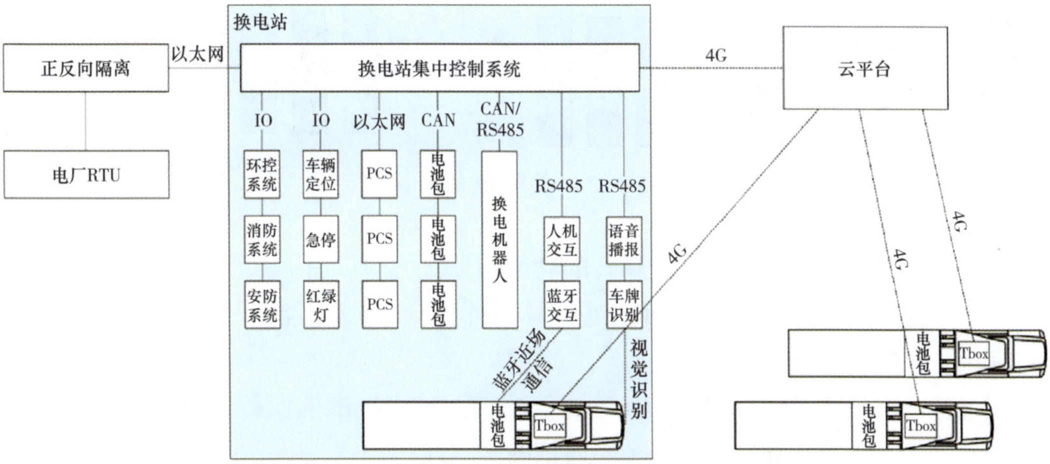

图8-1 换电控制系统

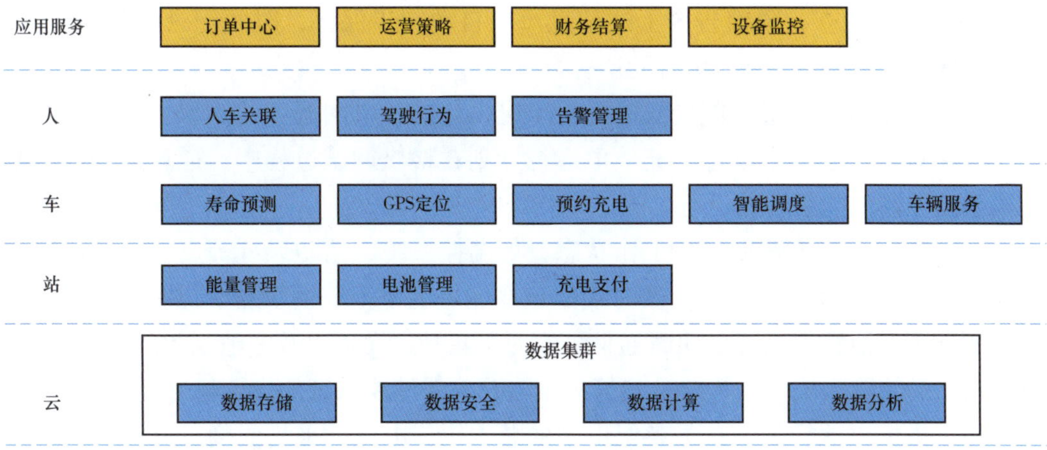

图8-2 智能云控管理

8.2.1.2 站控系统功能

换电站系统应配备整站控制系统（见图8-3），统一协调控制成套工程中的各个设备，同时管理统计整个系统充放电电量与系统内各组成设备，对其进行调节控制和相关运行参数的采集。同时，站控系统应可支持电网调度，根据调度指令提供有功、无功支撑。

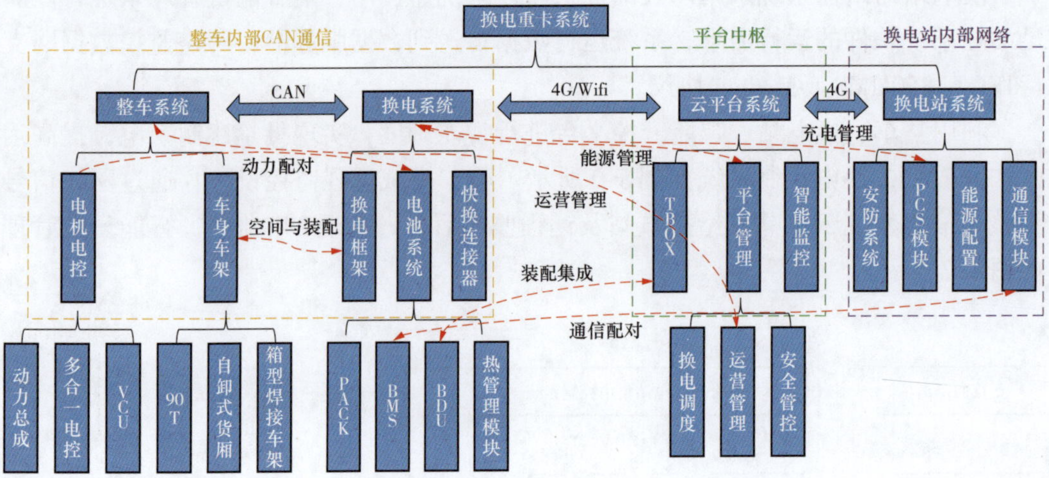

图8-3　整站控制系统

一套成熟可靠的站控系统应具备的功能如下。

（1）应提供友好的展示界面，包括但不限于实时数据监测、历史数据查询、设备控制、参数设置等画面。

（2）应支持Modbus或IEC104等通信规约，采用标准的设备数据模型及通信服务程序，保证储能设备与监控层之间通信的一致性。

（3）实时采集与监视储能系统运行过程中的参数设置动作、运行报警状态、保护动作过程、充放电开始/结束事件、电池容量及健康状态等信息，能够对采集数据进行合理性检查，限值告警上述信息可以自动同步保存，时间记录可精确到秒，并掉电保持。应保存最近6个月的历史数据。

（4）支持多种方式控制充放电运行工况，包括：电网调度的远程控制指令；自动执行能量管理系统中既定的充放电运行计划；检修调试过程中，通过远程或就地方式手动控制储能系统的运行工况。

（5）采集系统内辅助设备工作状态，如温控系统、消防系统等安全设备，形成电气联锁，一旦检测到故障，及时切断正在运行的电池成套设备。站控系统与PCS以及BMS（电池管理系统）实时通信，实时采集PCS设备以及电池设备的运行工况，根据制定的储能系统保护策略及热管理策略，确保储能系统的安全稳定运行。

（6）采集电池管理系统的各组电池的总电压、电流、平均温度、充放电电流和功率限值、最大/小单节电池电压及编号、最大/小单节电池温度及编号、各节电池的均衡状态、故障及报警信息、可充电量、可放电量等常用信息并进行显示。

（7）采集并显示PCS系统的相关参数，包括：直流侧的电压/电流/功率等、PCS的三相有功功率、无功功率、三相电压、三相电流、功率因数、频率、运行状态、报警及故障信息等常用信息，以及充放电电量等。

（8）采集并显示换电机器人系统的相关参数，包括：换电机器人换电过程状态、换电机器人当前位置信息、换电机器人报警及故障等信息。

（9）具有操作权限密码管理功能，改变运行方式和运行参数的操作均需权限确认。

（10）视频安防。根据安全管理要求，在充换电站的供电区、充电区、电池更换区等位置应设置监控摄像机；视频安防监控系统的设计应符合GB 50348、GB 50395等相关标准的规定。

（11）站控系统应具备通信自检功能，检测与PCS、BMS、换电机器人通信正常。

（12）换电控制。对电动矿卡进行电池更换，能够自动将电动矿卡电池包转移到换电站空的电池仓位进行补电，并将换电站内满电电池包安装到电动矿卡上。

（13）削峰填谷。根据设定的时序和运行功率/电量预期调整储能系统的充放电，配合电网开展削峰填谷，以获得一定的峰谷价差收益。

（14）入侵报警。根据安全管理要求，在充换电站的供电区、监控室、电池维护区、电池存储区等位置应设置入侵探测器；入侵报警系统的设计应符合GB 50348、GB 50394等相关标准的规定。

（15）出入口控制。根据安全管理要求，在充换电站的出入口、电池更换区等位置宜设置出入口控制设备；出入口控制设备的设计应符合GB 50348、GB 50396等相关标准的规定。

（16）数据处理与存储。对监控视频的来源、记录的时间、日期和其他系统信息进行全部或有选择的记录，视频质量及信息保存时间应满足管理要求。

（17）监控大屏。须包含矿区介绍、站内介绍、运行情况、实时工况与视频监控等页面。矿区运行情况须对站内运营数据、车辆运行情况进行展示；实时工况须对充电换电工位的实时运行情况、配电设备进行监控；视频监控须对站内视频监控状况进行展示。

8.2.2 储能控制管理系统

储能控制管理系统采用模块化设计，主要由实时监测、控制管理以及信息查询三个部分组成，如图8-4所示。实时监测主要针对各底层设备储能变流器、储能电池、测控装置进行实时数据采集、信息处理及监视。控制管理主要实现有功功率控制、电压无功控制等。信息查询主要针对历史运行信息、统计信息及控制策略信息进行查询，方便维护。

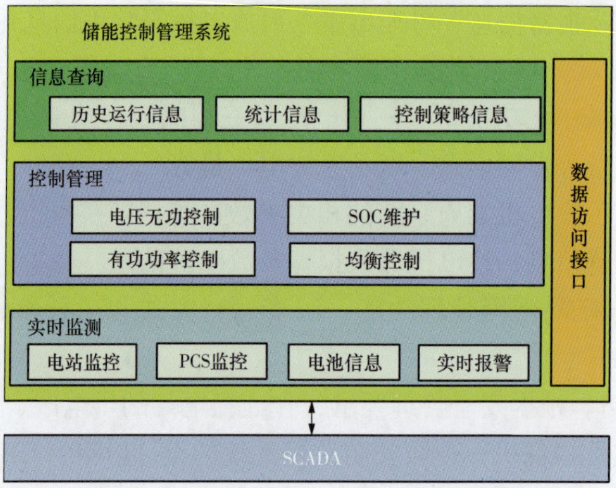

图8-4　储能控制管理系统区域划分

储能控制管理系统所需主要设备、技术参数见表8-1。

表8-1　主要设备技术参数表

序号	设备名称	主要技术参数
1	红外摄像头	200万像素红外网络高清筒型摄像头；清晰度为1080P；焦距为8mm；自动切换日夜模式；夜视距离为30mm；防水防尘防护等级为IP67；壁装式或立柱式
2	硬盘录像机	按摄像头要求进行配置
3	硬盘	监控专用，储存一个月
4	液晶监视器	27英寸
5	POE交换机	按摄像头要求进行配置
6	核心交换机	按摄像头要求进行配置
7	现场设备箱	IP66防护等级
8	光收发器	千兆
9	光纤	单模
10	网线	超五类
11	电源线	RVV2 × 1.5mm^2
12	机柜	按摄像头要求进行配置

摄像头相关注意事项如下。所有摄像头位置的安装需根据招标方提供的图纸进行安装。车间内摄像头安装高度为5m以上，安装时考虑光线对影像质量的影响。室外摄像头还要考虑防风和防雷。推荐使用的摄像头需具有如下功能：不论白天、夜间，在光线不足或完全黑暗的情况下能够实现监控摄像，在重点防区有辅助光源条件下，能够识别现场操作人员和运输设备基本特征，实时查看工作现场图像放大功能，录像回放时图像放大不失真。

为了维持各主要设备正常运作，环境条件须满足如下：温度–40～65℃（室外）/–10～50℃（室内），湿度小于60%，同时应具备一定的抗干扰性、防尘性，方便日常维护，电源应具备防雷、防浪涌、防突波、防水、防尘功能。如有需要，应在有干扰的场所加装抗干扰器。

监控软件应支持权限分级管理功能，支持局域网和互联网授权用户的远程监控和录像、回放录像。监控系统运行为无人值守方式。视频监控系统应支持同时多路录像，同时录像回放，同时网络操作，大容量硬盘录像和7×24h全天录像功能，录像数据应保存60天以上。摄像头的供电应全部采用集中供电方式，由机房的UPS电源统一供电。

车间现场安装设备箱的防护等级应至少达到IP66防护等级。车间内如有电磁干扰，视频信号传输时应加装抗干扰装置。连接摄像头的网线、电源电缆等需要穿钢管保护，同时做接地保护，接地电阻≤1Ω。各种器材、线材应按规范安装，布置合理、牢固、不易松动和损坏。系统的设计安装必须考虑到生产现场的震动、粉尘、高温辐射和各种气体的腐蚀等因素，选择的设备、外壳、支架等配件必须具有防尘、防水、防腐蚀等预防措施。

8.3 智能调度系统

8.3.1 智能调度系统开发

稳定、安全、高效、方便、快速部署，是换电矿卡智能云平台的开发目标。在此开发过程中应持续探索并构建两种模式：一是车辆、换电站、运营管理的实时及历史数据的监控模式；二是绿色、环保、节能、高收益、高智能的架构模式。

8.3.1.1 智能化配套系统的产品构成

智能化配套系统由以下两部分构成：一是基于大数据的电池运行参数分析和状态诊断智能平台，二是电动重卡车队及充/换电站管理调度算法。

（1）基于大数据的电池运行参数分析和状态诊断智能平台具备实时收集、记录和分析每辆卡车电池包及梯次储能电站中每个电池簇数据的功能，预测和诊断电池的健康状态；以电池全寿命周期价值最大化为目标持续优化和在线部署电池管理（BMS）算法，包括：

电池溯源管理：通过分析电池从生产制造、换电、维修退役等各个环节的数据，验证热管理方案，指导售后维护工作，预测电池SOH寿命趋势，支持车载退役后的电池进行储能等梯次利用。

运营数据分析：通过车辆的运行情况分析车辆使用规律，并分析驾驶习惯、道路工况对电池的影响程度，从而为提升运营效率、降低运营成本提供数据依据。

关键数据监控：车载T-BOX和大数据平台，能够在换电阶段、充电阶段和低温阶段，实现对电池系统关键事件的采集和分析，如限功、加热、充放电截止等，保障了电池系统的安全工作和产品质量提升。

兼顾车辆和储能电站的电池组全生命周期优化控制策略研究：采集和对比车载电池和梯次储能电站电池的运行状态参数和健康指标，并通过机器学习的方法，以电池全寿命周期价值最大化为目标持续优化电池管理（BMS）算法，并通过远程网络实现远程部署。

（2）电动重卡车队及充/换电站管理调度算法实现根据重卡车队余电数据、换电工位占用情况和备用电池存量等数据，合理化调度车辆进行换电。其关键技术如下：

分析每辆卡车电池包及梯次储能电站中每个电池簇的SOC、SOH、内阻和功率一致性等数据，预测和诊断电池的健康状态；根据电池健康状态的统计数据和历史数据变化规律，评价当前BMS策略的恰当性，并对不恰当的策略参数进行调整。

电动重卡车队及充/换电站管理调度技术：根据重卡车队余电数据、换电工位占用情况和备用电池存量等数据，合理化调度车辆进行换电，降低备用电池和换地工位投资，提高车辆的运行效率。

8.3.1.2 云平台Web前端系统架构

云平台Web前端系统架构包括：

（1）数据集群：数据存储、数据安全、数据计算、数据分析。

（2）站端功能：能量管理、电池管理、寿命预测。

（3）车端功能架构：GPS定位、预约充电、智能调度、车辆数据监控。

（4）人端功能：人车关联、驾驶行为、告警管理等。

8.3.1.3 云平台整体架构

云平台整体分为3大模块：底层为数据采集层，数据存储作为系统支撑层，顶层为数据应用交互层，如图8-5所示。

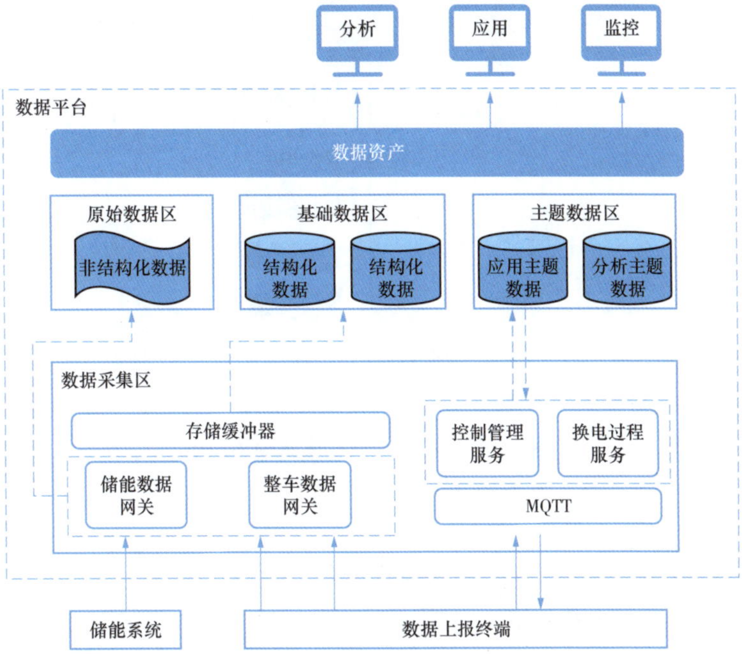

图8-5　云平台整体架构

数据采集层主要为终端T-BOX将携带电池信息、整车信息、充电站等信息以MQTT协议标准发布各种网关中，网关负责将数据存储到OSS进行数据备份，并且将数据传递到消息缓冲器Kafka；分布式流式处理计算框架Flink/Spark订阅Kafka中缓存的消息，根据数据类型解析，顺序写入Hadoop大数据平台Hbase。数据上报终端会将配置等交互数据以MQTT协议上传到Eclipsepaho。

数据存储层主要分为原始非结构化数据备份存储区OSS；原始数据ETL之后的基础热数据区Hbase；经过Flink/Spark离线或实时处理之后的主题数据区Hbase、MySql；云平台静态配置数据MySql。

应用交互层主要是将主题数据区分析统计进行展示模块（包括但不限于系统总览，电站监控，矿卡监控，换电包展示等）；控制管理服务会处理Paho（一个MQTT客户端库，支持多种编程语言，包括Java、C++，Python、JavaScript等，实现消息收发的操作流程）中的订阅与终端进行交互（远程唤醒，远程升级，远程开关机等）。

8.3.1.4　云平台数据流程架构

云平台数据流程架构如图8-6所示。

数据通信主要是T-BOX设备依据MQTT协议进行数据通信，包括设备数据上传和交互数据接收。

接收T-BOX上传数据做两步处理：一是以文件的形式将数据做备份；二是将数据转发到分布式消息系统Kafka。保证TB级数据常数时间的访问、高吞吐率和分布式顺序传输。

数据抽取：T-BOX数据、矿卡数据、换电包数据、充电桩和充电站数据汇总到

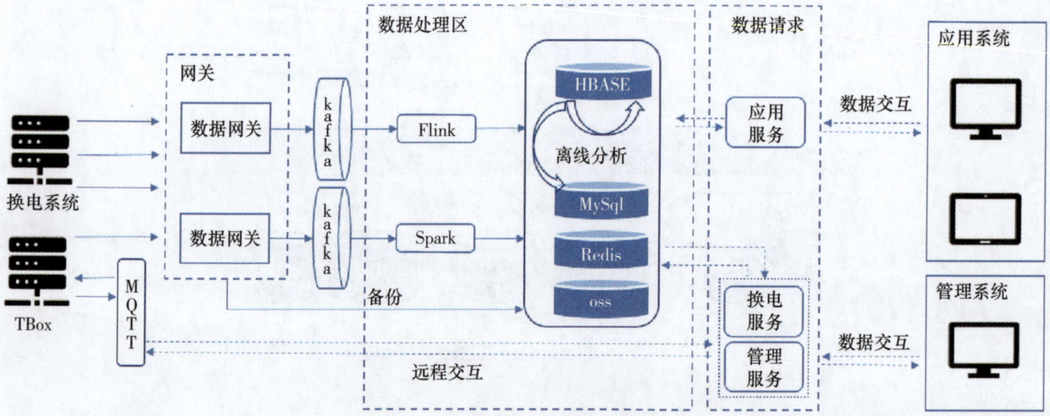

图 8-6　云平台数据流程架构

Kafka中。

数据转换：Flink/Spark实时将Kafka中各种数据进行转换、处理；Flink/Spark离线将Hbase中数据进行计算分析。

数据加载：数据转换之后的基础数据，主题数据加载到Hbase、MySql。

主题数据处理统计分析，以数据分析方法论多维度多角度展示；文件管理服务给终端提供固件更新的元数据管理。

8.3.1.5　接口协议

T-BOX与云平台通信，数据平台为该通信开通独立Socket接口。接口执行两步操作：一是将数据备份存储到OSS系统；二是将数据发送到下游消息缓存服务器。

电池包在车上时，整车与云平台复用GB 32960协议。另外，整车与云平台通信还需要额外的关键数据。电池包在换电过程中通过MQTT进行通信。在准备换电之前，T-BOX将电池包、整车信息发送给云平台，云平台将车辆与电池包的绑定关系解除；换完电池后，T-BOX将电池包、整车信息发送给云平台，云平台将车辆与电池包进行绑定。

电池包在充电仓时，T-BOX与BMS交互获取电池包各单体信息，将SOC、电压、电流等信息发送给云平台。

T-BOX终端与云平台交互时，该项协议为终端单独建立一路连接用于与网关服务器的通信，该协议涉及T-BOX远程唤醒升级、心跳、控制等类型；数据平台为本通信开通独立Socket，区别于车辆信息同云平台通信。

8.3.2　智能调度系统功能解析

为了能使换电站群及其所在的包括各种车辆和充电站在内的整个换电系统更好地协同工作，一套使用高效、功能丰富、界面易读的智能调度系统必不可少。

以基于移动式换电站的换电矿卡群的应用场景为例，其主体设备设施分为换电矿卡、牵引车、电池运输用挂车、移动换电站和集中充电站，这些设备设施之间具有一定时间和空间范围内的关联性，需要协同工作。本文将以此案例来引出此类调度系统的核心：即电池调度。通过对主体车辆和电池运输车辆进行调度，来达到调度电池的目的，提高整个系统的运行效率，换句话说，就是尽量让每辆主体车辆即矿卡每时每刻都有电可用。

运行流程依然以上述移动换电场景为例。首先，矿卡带着满电电池往返于矿区工作面上，电量随着使用逐渐消耗，在达到电池电量临界值20%后需要前往换电站更换电池，以避免途中电量耗尽而停车，更换完电池后的矿卡将返回工作面继续工作。若干辆隶属于同一换电站的矿卡均重复上述操作，以矿卡车队的形式进行持续作业。当换电站的满电电池全部替换成空电电池之后，等候在换电站旁的牵引车会将载有空电电池的挂车送往充电站充电，与此同时另一辆载有满电电池的挂车应该已经被运送到换电站等待使用。在此期间可能会发生因同时需要换电而产生的矿卡排队等候问题。由于矿区作业大多数为24h连续作业，因此，由上述联动场景产生的车辆排队等候、调度不及时等问题将会很大程度上影响运营效率。本节所述的智能调度系统即在此发挥统筹作用。

为了避免上述排队问题，并进一步优化系统可用性和易用性，将主动调度算法和充放电预测算法引入该系统。这两部分算法的设计思路将在随后小节进行介绍。但在此之前，需要先为整个系统搭建一个带有基础自动调度策略的可展示系统界面。

首先，需要明确该系统界面的使用对象。基于该场景的智能调度系统界面可为以下几类用户群体提供支持：现场调度员、运维员和管理员。这些人员类型均可添加到人员配置中，也可视实际需求进行增删调整，与此对应的人员权限、系统操作界面、账号分配等关联问题也需同步调整。其中，现场调度员负责指挥车辆换电等；运维员负责调整工作面和设备等信息并提交给管理员；管理员则负责审批运维员提交的申请；此外，还可视情况另设更高级别的管理员直接修改后台参数等。因此，该类系统应具备这些用户所需的一切功能，为其使用者提供必要的信息、清晰的操作逻辑和简洁的操作界面。另外，该类系统界面也可以投放大屏作展示用，因此美观也是需要考虑的要素之一。

如图8-7所示，这是一个换电矿卡智能管理系统的案例。系统门户页面即首页所展示的内容不求丰富，但必须能使用户快速高效地读取有用信息。因此可将矿区地图摆放在首页正中央，矿卡、换电站、充电站等分布在各自位置；用不同颜色来区分不同的设备状态，如在线或离线等。上边栏为各个选项卡，通过下拉点击选择跳转的不同页面。左侧栏为一些告警信息和调度信息展示，平时可隐藏。右侧栏为矿卡、移动换电站、挂车、充电工位等设备状态，总行驶里程、安全运行天数、总充电电量、总换电次数等运行统计数据，还有与之相对应的每日历史数据柱状图。该页面也可添加其他更为直观的数据用于展示，如以电代油后的节能减排情况等。

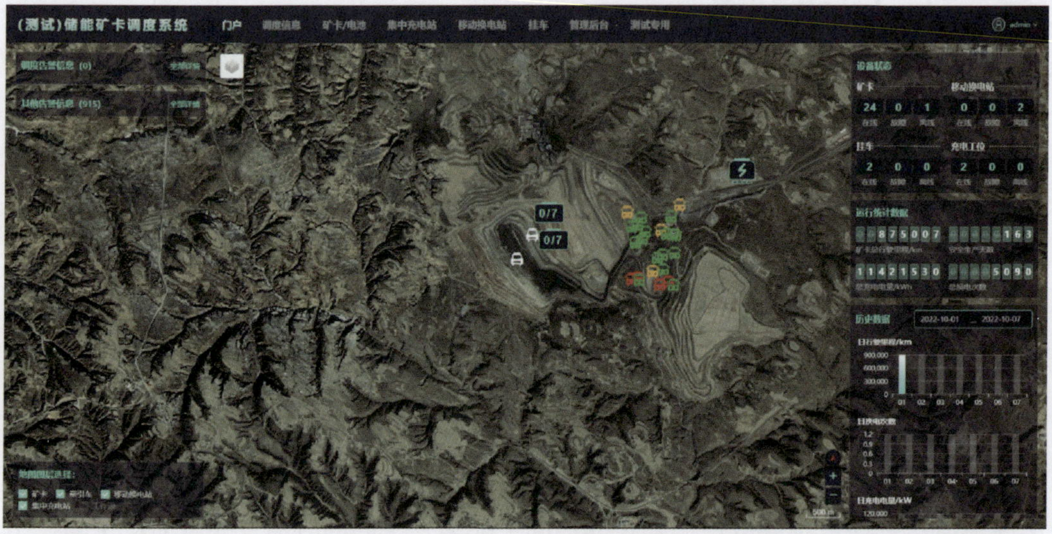

图 8-7　换电矿卡智能管理系统门户页面

作为一个智能调度系统，车辆调度的相关信息是其核心内容。图 8-8 展示了调度页面的案例，其子选项卡包括调度信息、调度管理、车辆/调度告警信息等。图中左上角的较大版面用来放置矿卡换电实况，即每辆矿卡的换电实时状态，用以辅助调度。图示中的不同颜色代表不同的剩余电量等级，低于 20% 显示为红色，高于 40% 显示为绿色，介于两者之间则显示为黄色。车辆在剩余电量低于 20% 时，系统将会自动发送换电调度指令，提示驾驶员前往换电站换电；而剩余电量较高的矿卡将继续工作，不会被系统自动发送换电指令。但也存在特殊情况：为了避免积压换电的情况发生，将引入主动调度系统，因此黄色或绿色图标的车辆也有一定概率出现在换电实况列表中。有关主动调度的内容将在后文作详细叙述。

图 8-8　换电矿卡智能管理系统调度信息页面

除矿卡之外，挂车调度也是很重要的一环。挂车由牵引车驱动，载着电池往返于换电站和充电站之间，将矿卡替换下来的电池拉去充电，或将充电站充满的电池拉至换电站待用。挂车调度的有效性决定了换电站是否一直留有充足数量的满电电池待使用。图8-8左下角展示的即为挂车调度流程图，挂车在以下六种状态中循环：充电中、满电待运、运输中（满电）、换电中、空电待运、运输中（空电）。

由系统自动发送的换电调度指令将会以图8-9的形式展现给调度员，同样的人工干预的主动调度指令也可通过右上角按钮添加至该列表中。此外，设置撤回、催促按钮以提高系统交互性，并在详情中显示该车编号、剩余电量、发送指令的时间、人员、是否已被驾驶员确认等必要信息。

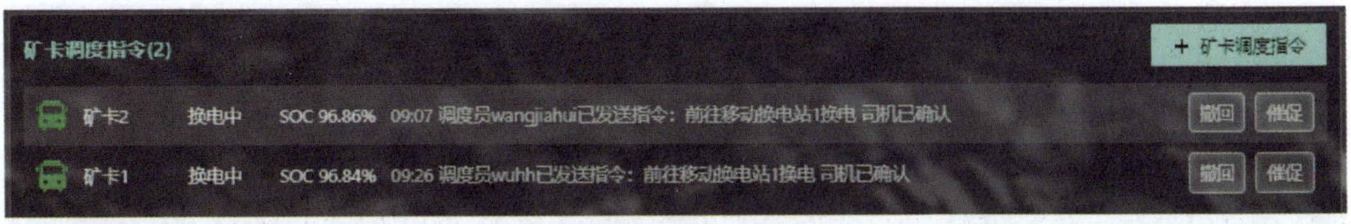

图8-9 *矿卡调度指令列表*

图8-10为新增矿卡调度指令界面。在选择对应移动换电站的编号之后，所有与之绑定的矿卡编号即显示在下方，选择需要调度的矿卡，点击确认发送，即可生成一条新的矿卡调度指令，该指令将显示在图8-10的指令列表中。与此同时，列表中的车辆驾驶员将会收到对应的指令提醒。

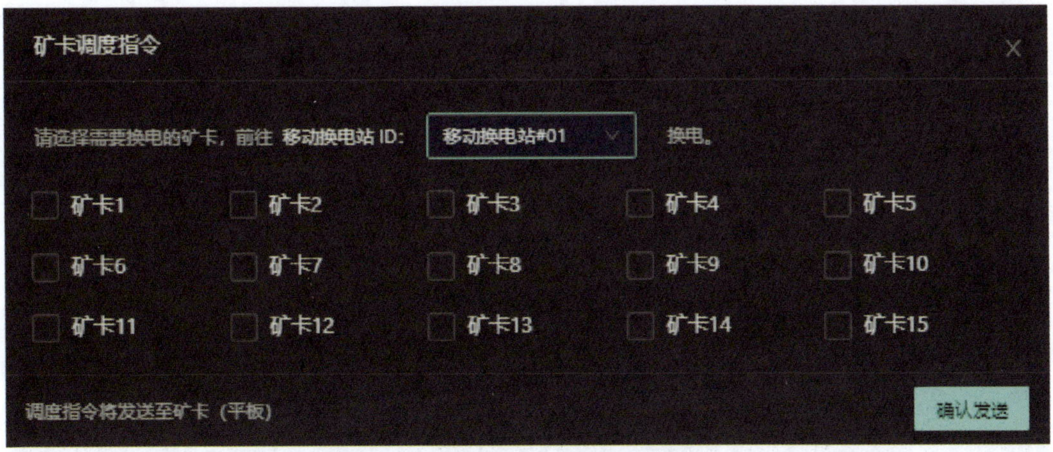

图8-10 *新增矿卡调度指令*

类似的，图8-11展示了牵引车调度指令的示例界面。详情中需要显示的必要信息有：牵引车的编号、车辆状态（运输或空闲）、发送调度指令的时间和人员、牵引车所需执行的任务等。

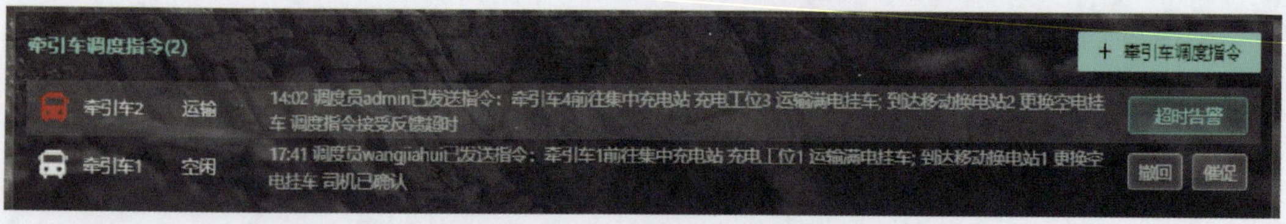

图 8-11　牵引车调度指令列表

图 8-12 为新增牵引车调度指令界面。在确定了想要调度的牵引车编号、牵引车需要拉载的挂车所在的充电工位编号、计划将此车派去的移动换电站编号之后，点击确认发送，牵引车的新增调度指令即生成并显示在图 8-11 的指令列表中。对应的牵引车驾驶员将收到指令并按照既定路线执行。

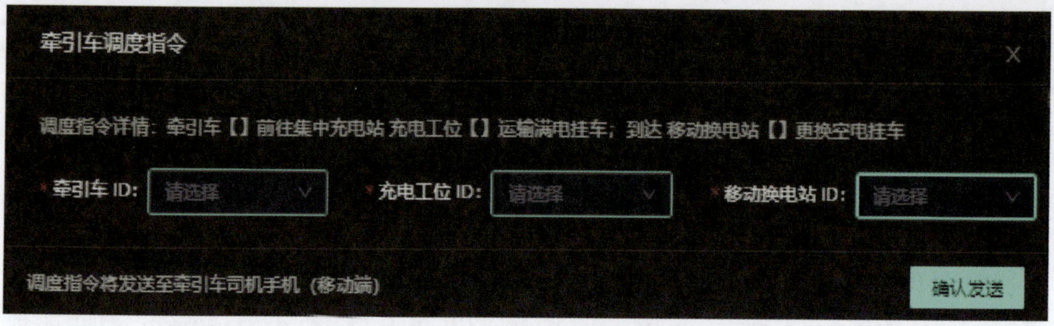

图 8-12　新增牵引车调度指令

图 8-13 更加直观地展示了众多矿卡与各换电站可换电池数量的关系，即总调度直方图，横坐标为数量，可换电池数量和矿卡数量共享同一标尺。红色代表所有低于 20% 电量的矿卡数量，而黄色代表剩余电量介于 20%~40% 之间的矿卡数量；白色竖线代表了所有换电站中可换电池的总数。显而易见，白色竖线在红色柱状图之外，这意味着可换电池数量多于当前必须换电的矿卡数量，即可换电池数量是充足的。

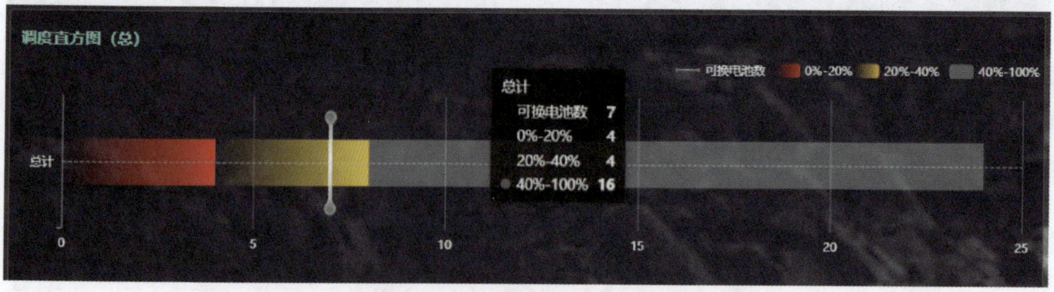

图 8-13　调度直方图（总）

此外，图 8-14 给出了一种告警信息的展示方式。其中包含了调度告警和其他设备相关的告警信息，如整车、电池系统、换电站、充电站等。实际运行中的告警信息种类繁多，内容复杂，告警等级也各有不同，可视情况将等级最高或对运行影响最直接的条目以列表形式展示出来，本文不作详述。

图8-14　告警信息统计（局部）

矿卡的实时信息以如图8-15的方式列出。左上区域罗列了所有矿卡的状态，包括在线、工作中、即将换电、换电中、离线等；通过左上角选项卡可以切换所有矿卡和各个换电站对应的矿卡，以便根据不同换电站进行分别监控。同样的，颜色即代表状态，做到了一目了然。每个矿卡标签均可点击查看对应车辆的细节，实时数据如工作状态、工作面编号、里程、所携带电池包相关信息等；而历史数据则包括SOC、输出功率、时速等均以图表形式展现。左下区域，以饼图的形式直观展示出不同状态的矿卡所占数量比例，和不同剩余电量下的矿卡所占数量比例。旁边则以柱状图的形式展示每日换电次数和行驶里程的历史数据。页面右侧则展示换电次数排行榜和行驶里程排行榜等相对次要的信息，亦可在此安排其他相关信息，以此提升整体页面的协调性。

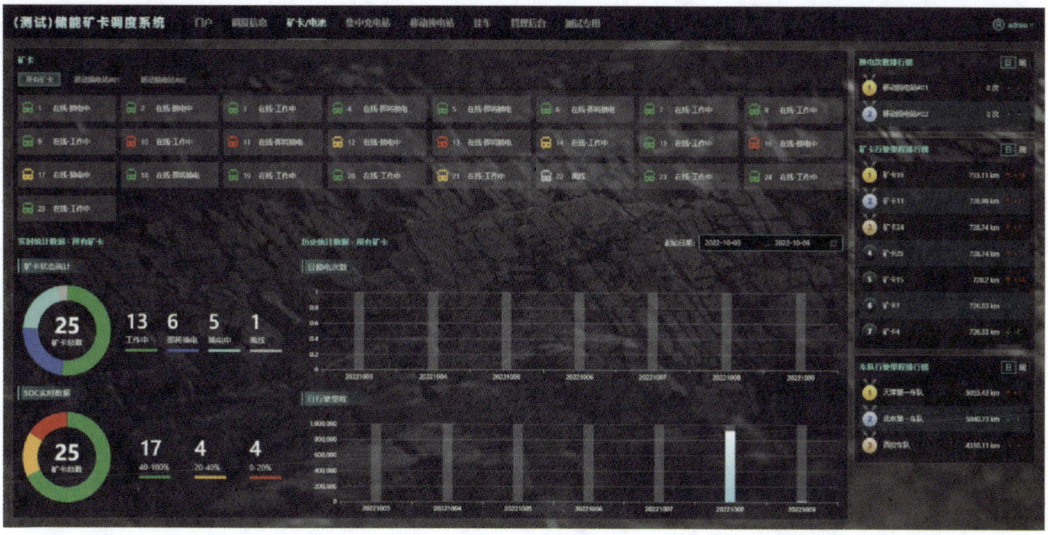

图8-15　矿卡页面

电池标准视图页面样式如图8-16所示。从中可直观获取的信息分为两部分，上侧为当前电池的编号、SOC、里程、电芯平均温度、电芯平均电压、标准箱电压、簇电压和簇功率的当前值，每隔一定时间自动刷新；下侧为六张历史记录曲线图，可根据需要选取合适的时间跨度，当需要查看细节时，使用鼠标滚轮也可对当前时间段进行缩放，六幅图线可联动时间轴进行显示。其主要展示的参数包括电芯温度、电芯电压、标准箱电压、簇电压、簇电流和簇功率。其中，电压为重要参数，因此同时展示三个层级的数据，即电芯、标准箱、簇。结合该标准视图中各个图线，将有助于监控和分析运作中的电池。一方面在发生异常时，及时通知驾驶员停车，避免发生危险；另一方面也可提高寻找故障源头的效率。

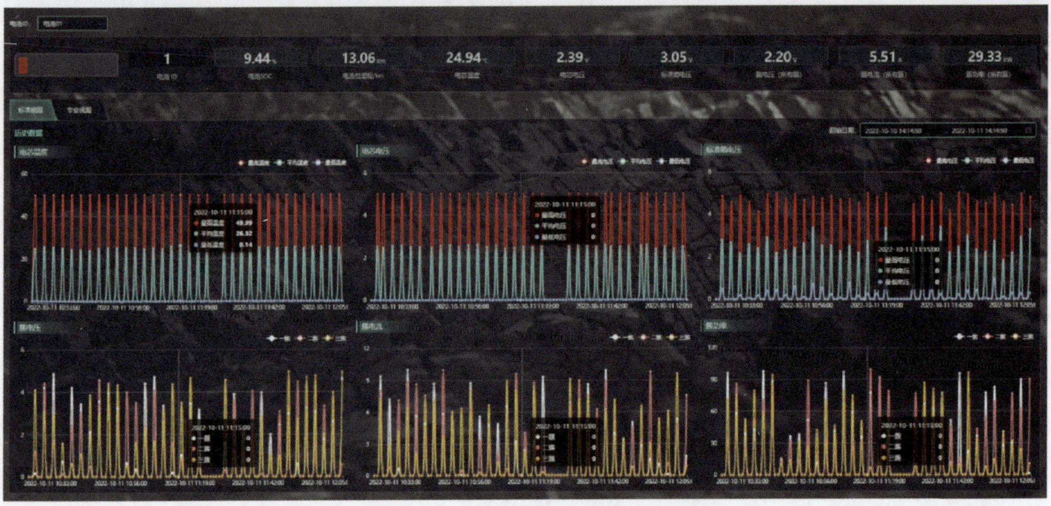

图8-16　电池标准视图页面

如图8-17所示，本案例中电池包结构可从电池专业视图中直观看出，三簇三列，每簇各5个标准箱，电池图标摆位和实际结构一致。图标内的电量条即为对应标准箱的平均SOC值，电池包内各个标准箱之间的一致性一目了然。图中所示SOC参差不齐，即代表电池一致性较差，通过此种方法可以排查电池故障。（该图并非真实数据，仅供参考。）

点击任一标准箱图标，则跳转进入对应箱的电池详情页，如图8-18所示。与上述标准视图中的六幅图线不同的是，针对标准箱级的专业视图仅展示三幅图线，即电芯温度、电芯电压、簇电压，同样具备时间段选择和联动缩放功能。除此之外，在其下方罗列出该标准箱内包含的所有电芯的温度和电压值，以便对每个电芯进行健康状态监测。在页面最上方则提供了快速切换标准箱编号的按钮，不必返回上级视图即可查看其他标准箱信息。

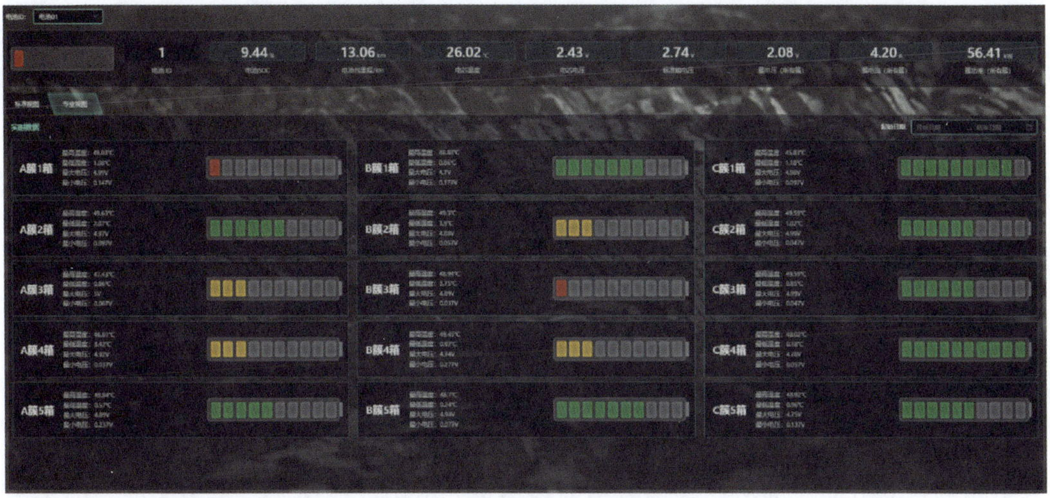

图8-17　电池专业视图概览

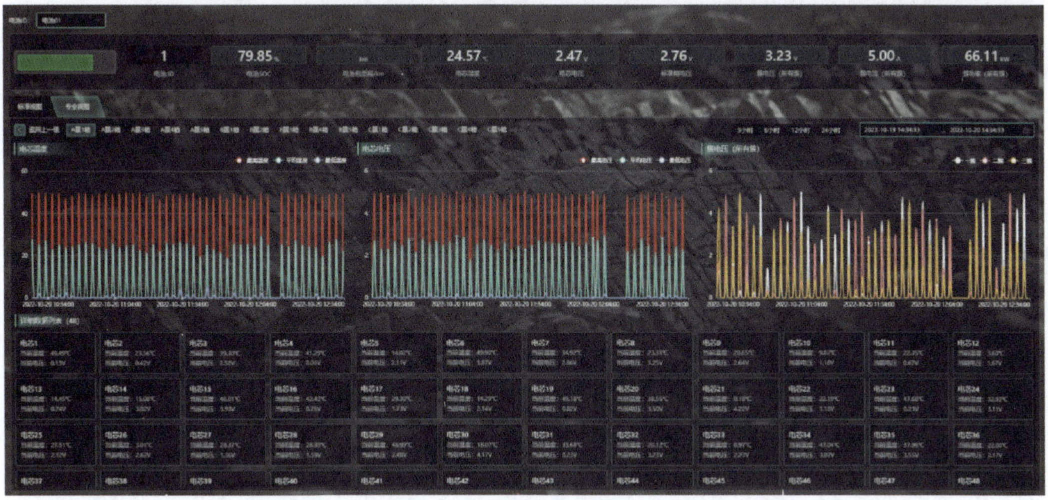

图8-18　电池详情页面簇箱级

此外，该案例中服务于移动换电站的充电工位和牵引车被划归到集中充电站选项卡来展示。其中每个充电工位对应一辆挂车，即7个电池和1个空电池位，空位位置不固定，取决于换电时最后一块被换走的电池位置。如图8-19所示，充电工位本身的状态信息显示在最左侧，包含当前充电工位状态、充电总功率、当前挂车编号、当前挂车状态等信息。右侧则显示每个电池位的电池信息，如果充电工位没有挂车，则全部显示为空；否则显示当前每个电池的位置编号、当前电流、当前功率、ID和当前SOC，可以此来监控充电过程中每个电池的情况。

牵引车页面较为简单，如图8-20所示，主要信息为牵引车编号和对应的挂车编号，仅当牵引车调度指令生成后，牵引车才与对应的挂车绑定，否则无绑定关系。牵引车将满电挂车送往移动换电站并卸下之后，将空电挂车编号绑定为新的挂车并

图 8-19　充电工位（局部）

拉回集中充电站，随后与挂车脱离绑定关系，状态变更为空闲。图8-20下方可显示牵引车的行驶方向，即从移动换电站前往集中充电站，或反之。牵引车的当前车速和到达目的地的预计时间也将显示在页面中。

图 8-20　牵引车（局部）

牵引车的自动调度策略和矿卡不同，有较大的可调整空间，根据实际情况不同制定不同规则。其影响因素有耗电速度、运电里程、车队规模等。为了达到不影响矿卡作业效率的目的，通常会在对应移动换电站可用电池将要用完时，派送新的电池挂车前去补充。以本书中所述工况为例，从固定充电站到移动换电站的平均里程约为10km，牵引车行驶该单程约为24min，而每隔15min会有一辆矿卡换电，那么我们认为，通常情况下，在对应换电站剩余2个可用电池的时候派送满电挂车前往该换电站，即可保证该换电站一直有电池可用。若车队规模较大、工作面耗电速度较快时，可提前派送以提高时间裕度。牵引车的自动调度策略即基于上述设计，特殊情况下的主动调度策略和基于自学习的调度策略则视实际情况而有所不同。

和充电工位类似的，图8-21显示了移动换电站相关信息。对于换电站，必须要体现的内容包括但不限于如下几方面：在线离线状态、地理坐标位置、所服务的工作面ID、目前已经绑定的电池转运车ID等。其中电池转运车上所有电池包的详细信息也应包含，如剩余SOC、电池包ID等。对于满电待换的电池包，体现等待换电状态；对于已经完成换电的电池包，则应体现换电成功时间。除此之外，可在页面根据需求同步展示基于本换电站的其他信息，如换电实况、换电次数、换电机器人告警信息等。

图8-21　移动换电站（局部）

图8-22为电池转运挂车页面局部。对于电池转运车而言，牵引车头和挂车的搭配规则根据项目实际落地场景有所不同，在实际运营中为了提升管理效率，可能出现车头和挂车相互绑定的情况，而此处将以车头和挂车分开展示为例。展示界面中应在醒目位置提供挂车ID和牵引车ID的选择框，用以跟踪特定的车辆。如有相应的绑定关系，如某牵引车仅负责某几辆挂车，则应在选择牵引车ID之后将挂车可选范围做出限定。挂车具体展示参数和充电工位类似，其中应至少包含换点状态、所在换电站位置、换电实况，即若某车正在换电，应提供换电车辆编号和即将换电队列。挂车上对应的电池信息展示则可与充电工位相同。除此之外，还应具备一些预测信息，如剩余可换电池数量、预计更换挂车时间等，以此帮助运营人员做好电池配送计划，尽量避免无电可换的情况发生。

图8-22　挂车页面（局部）

在基于移动换电站的智能系统中，由于工作面变动率较高，工作面位置信息、换电站位置信息等会经常随着作业推进而进行调整。因此，全方位可更改的管理后台是该类智能调度系统中必不可少的部分，如图8-23所示。

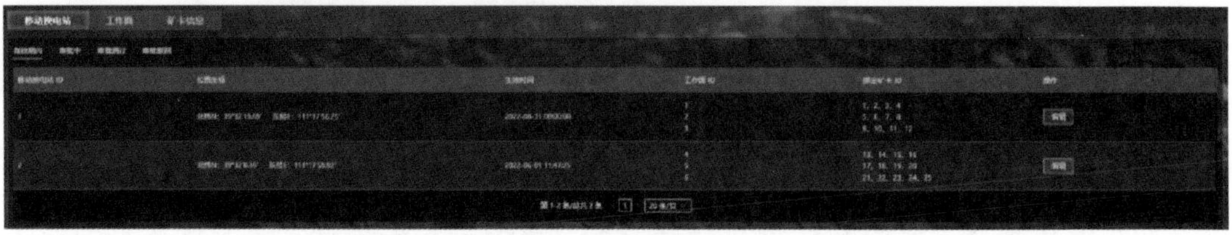

图8-23　移动换电站管理后台（局部）

综上，该类系统的开发需要具备以下功能：

（1）为用户提供所有在线设备的当前状态信息、历史数据查询功能，离线设备则提供最近一次在线的状态信息及历史数据查询功能；具备相关数据跳转查询功能。

（2）通过假定初始值模拟系统运转状态，优化换电站位置、电池数量、拖挂数量、电池组调配策略等要素，提高作业效率，全局最小化换电等待时间，并兼顾拖车使用效率，避免将满电电池带回充电桩的情况发生。预留足够接口以录入各种未定设备可能参与决策的参数。

（3）系统应具备全自动运行能力，无需人工判断各环节换电时机。

（4）当运营数据产生后，通过机器学习，系统应在自动运行的基础上具备自优化能力，基于历史数据对各环节换电策略做出自动调整。

8.3.3 主动调度算法

上文中已经介绍了能满足系统正常运转的基础自动调度算法。其特点是逻辑简单，编写容易，但在实际生产中需要搭配人工干预来解决某些特殊情况，如短时间内有多辆车需要换电的问题。因此，为了在提高整个系统的智能化、无人化的同时尽量提高运营效率，采取在上述自动调度的基础上引入执行优先级更高的主动调度算法。

主动调度，顾名思义，就是模拟人工主动干预。对于换电矿卡来说，让还没有达到换电临界电量的车辆提前去换电，以避开可能将要发生的换电高峰，减少排队等待时间，提高工作效率；对于牵引车来说，准时派送电池挂车前往所需的换电站，可一定程度减少矿卡的换电等待时间和牵引车在换电站的换挂车等待时间，同时提高矿卡和牵引车的利用效率。尽管让矿卡提前换电会导致电池单次利用率降低，但从全局角度来看，效率却是有所提高的。经验丰富的调度员可以通过目前所有车辆的电量剩余状况预测出在未来某个时间段内可能出现的换电高峰，并适时给某些车辆发送指令提前换电，以化解换电高峰。然而，基于人类经验做出的判断在面对更为复杂的工况和更为庞大的车辆群时是不可靠且不严谨的，若将此种经验进行总结，归纳出系统化、定量化的主动调度策略，并以算法的形式加入到系统中，则可以轻松应对大规模复杂场景。值得注意的是，本文所述强制换电策略仅适用于非公路环境下的封闭区间商业换电车辆，如露天矿区等。

主动调度策略的制定裕度很宽泛，且包含很多要素，根据重要性不同或需求不同，将这些要素分配不同权重。下面以较为常见的思路为例进行介绍。

假设在电池转运挂车供应充足的情况下，换电站不发生挂车资源挤兑，即认为各个换电站之间互不干扰。因此取任一换电站，其包含两个长短不同的工作面，每个工作面10辆矿卡，即共20辆矿卡。

以下述策略各连续运行48h，得出策略之间的横向对比数据图表；再将策略二连续运行96h，观察该策略长时间运行下的稳定性。

（1）无策略对照组：默认初始化，对照组。

（2）策略一：初始化车辆时，每个换电站对应的车辆SOC均匀分布，即发车时电量各不相同。

（3）策略二：初始化每车满电，每当换电站空闲时，立即发指令让一辆SOC最低、且低于40%的车去换电，若无低于40%的车辆则不发送指令。每发一次指令后休眠10min，避免扎堆调度。

8.3.3.1 SOC相关对比

换电时剩余SOC作为电池利用率的重要衡量标准，直接影响系统效率和投资冗余度。通常意义上，换电时剩余SOC越多则意味着换电频次越高，则有效行车时间占比越低。因此，将各个策略下的SOC使用情况统计展示如下。

图8-24为48h内全时段SOC分布图，策略一仅改变了初始化电量，而换电策略相同，因此与对照组没有明显差异；策略二将换电判定参考值提前至40%，导致大部分车辆换电时剩余电量大于30%。从图中还可以看出，策略二在相同时间内换电了154次，明显高于其余两种情况的120次。

图8-25为各策略换电时的平均剩余电量，策略一与对照组换电策略相同，均为默认20%换电，因此平均值相近；策略二明显将换电时间提前，剩余电量均值达到31%。

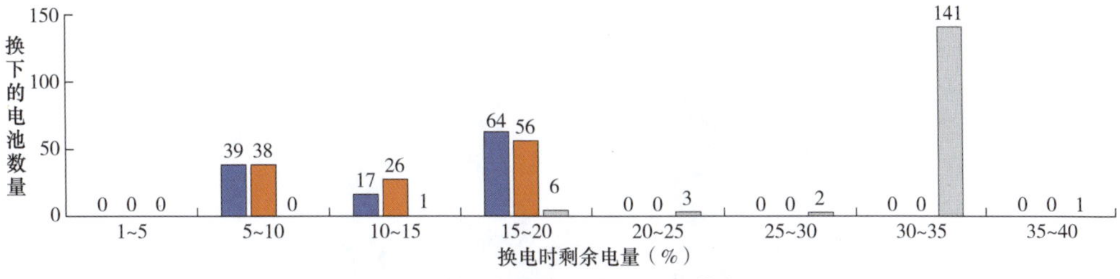

图8-24　48h内全时段SOC分布图

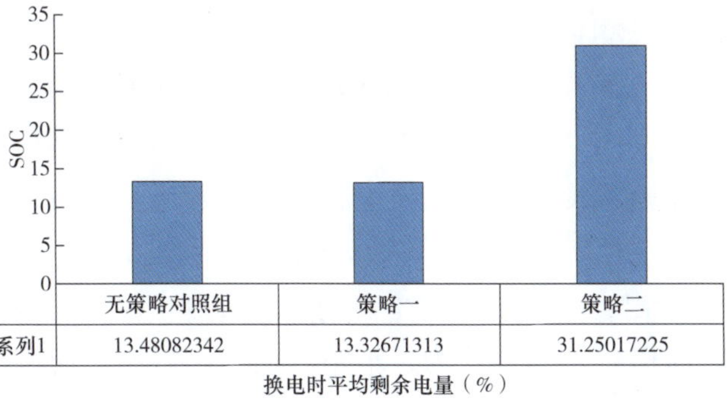

图8-25　不同策略下换电时平均剩余电量

8.3.3.2 换电等待相关对比

从图8-26可以看出，对比组有60%的换电车次无需排队，而策略一则有88%的车次无需排队。由于策略二换电次数偏多，因此为了和其余两种具备更佳对比性，策略二中需要更久换电排队等待时间的等效车次需要相应降低，无需等待的换电车次占比约为61%，和对比组持平。

图8-27显示了48h内所有车辆的换电等待总时长，初始化差异使得该策略从一开始就错峰换电，短期内效果明显，但长期仍然有待验证。策略二中等待时间偏多，从后续分析也可以看出，等效运土趟数低于策略一，这意味着短期运行效果不如策略一。

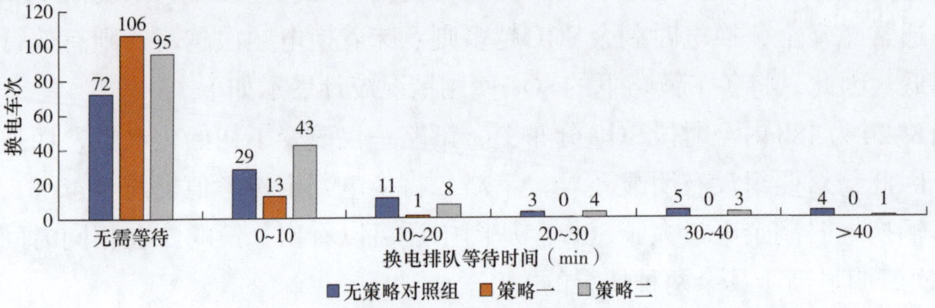

图8-26 48h内落入各换电等待时间区间的车次

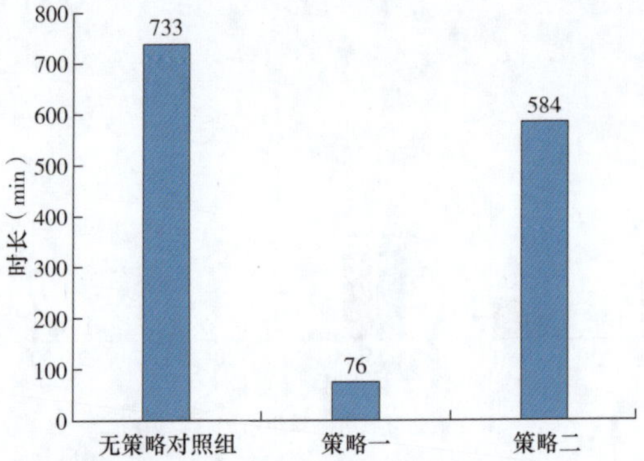

图8-27 48h内换电等待总时长

8.3.3.3 运土趟数相关对比

对于图8-28第一个单位时间内的运土次数明显高于其他时间段的情况，分析认为，这是由于该时间段内大部分车辆无需换电造成的；而策略一由于SOC均匀分布初始化的影响，在此期间发生了多次换电，因此原始运土趟数显著低于另外两种情况，故将运土趟数做针对剩余SOC的等效处理。

从图8-29可以看出，三种情况运土总趟数经过剩余SOC等效，策略一明显效率更高，但仅限于短期运行。初步认为，策略一适用于短期；而策略二对于总效率的提高是有效的，但并不明显，一方面由于策略存在一定问题，另一方面则是未考虑到投资因素，由于换电次数增加了28.3%，用于周转的备用电池数量明显增多。

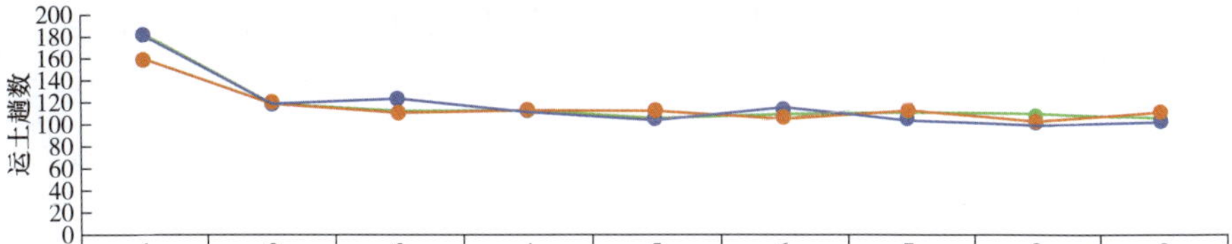

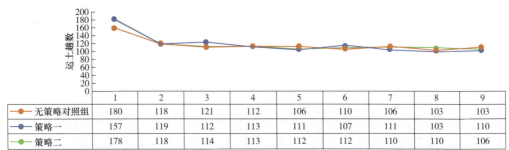

	1	2	3	4	5	6	7	8	9
无策略对照组	180	118	121	112	106	110	106	103	103
策略一	157	119	112	113	111	107	111	103	110
策略二	178	118	114	113	112	112	110	110	106

单位时间（每5h20min）

图8–28　单位时间内的运土趟数

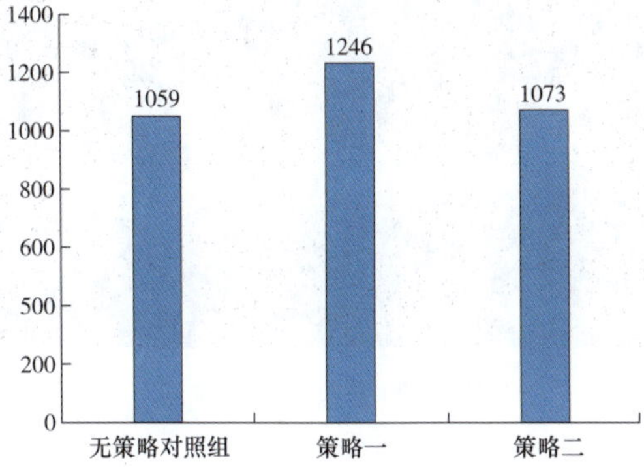

图8–29　各策略48h内总运土趟数（等效）

8.3.3.4　时间轴上的排队车数（策略二）

从图8–30中可以看出，最左侧出现了两个波峰，此为第一次换电期间出现的排队情况，随着时间推移进入相对稳定状态，后续同时排队车数最多不超过2辆，即在该种调度策略下，稳定后，最大排队车数不超过总车数的10%。

对于第一次换电出现的扎堆情况，分析可能原因如下：该换电策略仅通过剩余SOC进行判断，无法监测到达SOC临界值时矿卡的工作状态区间。即使每次调度后休眠10min，也可能出现排队现象，即第一辆受调度矿卡在接收指令时刚好处于装土初期，而第二辆受调度矿卡接收指令时处于即将排土阶段，则两辆车可能在排土之后相遇，发生排队情况。

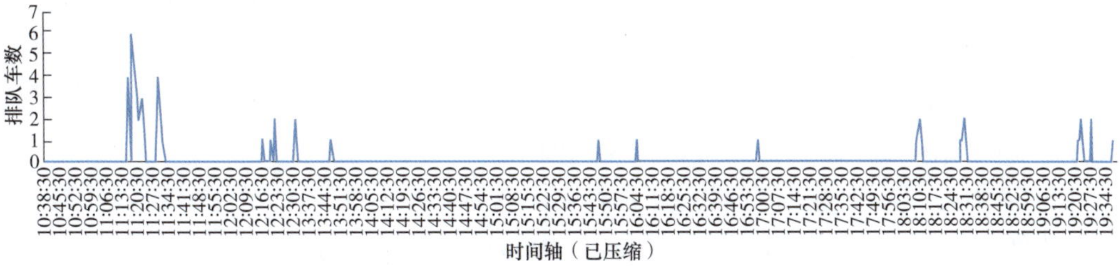

图8–30　实时排队车数（策略二）

使用不同策略将产生不同的效果，要视工况采用。图8-31展示的为基于某策略的调度直方图显示，呈现于上文所述调度平台中。条状图显示了对应不同换电站的当前所属车辆的电池状况，同时显示了该站的可换电池数量。显示形式可根据需求进行调整，但信息需要全面具体，供调度员或相关人员监控使用。

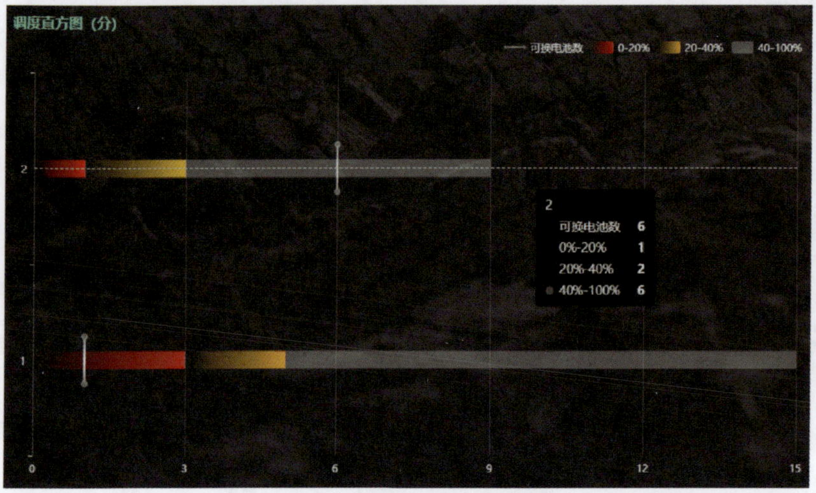

图8-31 调度直方图

8.3.4 预测算法

预测算法是智能调度系统的重要一环。其核心是充电预测和放电预测，在此基础上衍生出预计发车时间、预计到达时间、预计充满时间等预测数据。图8-32和图8-33分别展示了某种电池加热控制策略和水冷控制策略，此二者皆为电池热管理策略，电池充放电预测算法的实现基于此类电池热管理策略和各种工况下的历史数据相融合。

加入电池热管理策略后，对自动调度下的矿卡换电系统进行仿真，得到如下结果供参考。

图8-34为矿卡排队换电仿真结果，橙色线表示等待换电的矿卡数量，蓝色线表示正在换电的矿卡数量。图8-34中可以看出前半段出现了排队积压的情况，此为自动调度策略下的排队情况。

图8-35为矿卡装排土换电循环的仿真，针对SOC和矿卡状态变化绘制。红色图线为状态改变情况，蓝色图线为SOC变化曲线。

图8-36为以历史数据为训练集的矿卡换电时间预测仿真。绿色图线为真实SOC变化曲线，红色为预测SOC变化曲线，140min的全程预测误差为8min，误差小于6%，通过自学习模型结合历史数据基本实现了换电时间预测，用以辅助强制调度策略的实施。

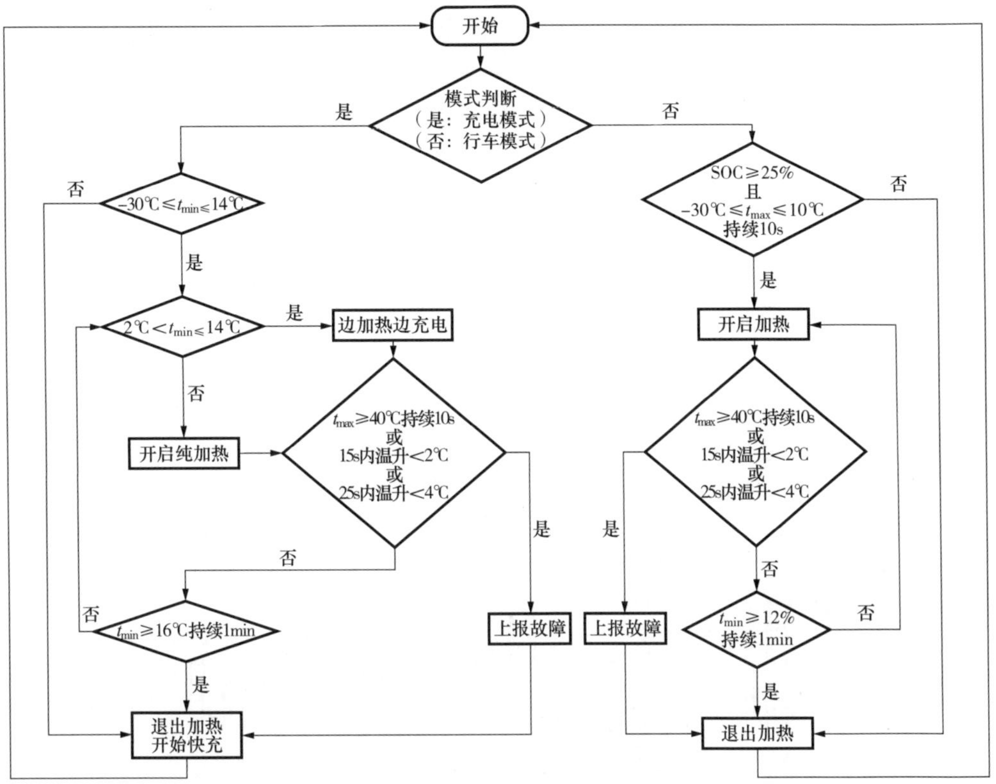

图8-32 电池加热控制策略

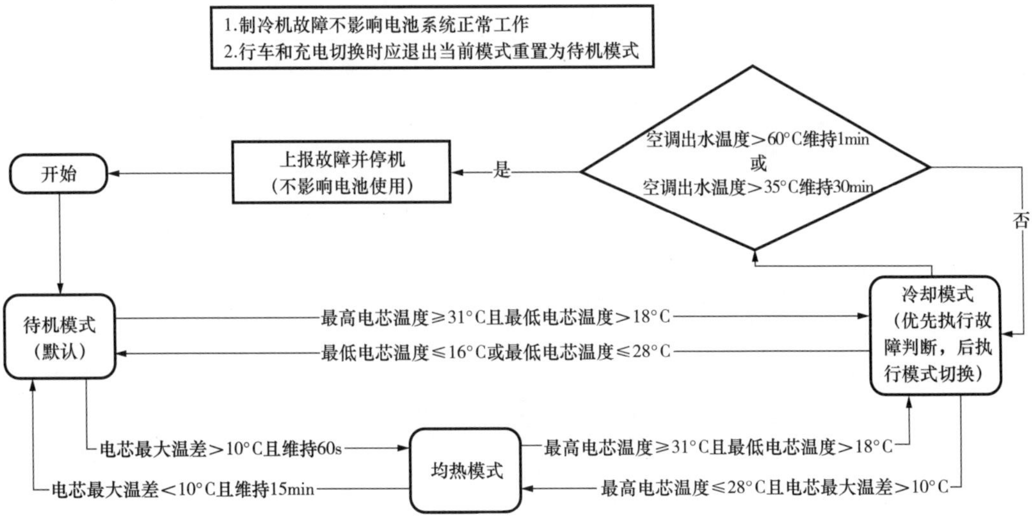

图8-33 电池水冷控制策略

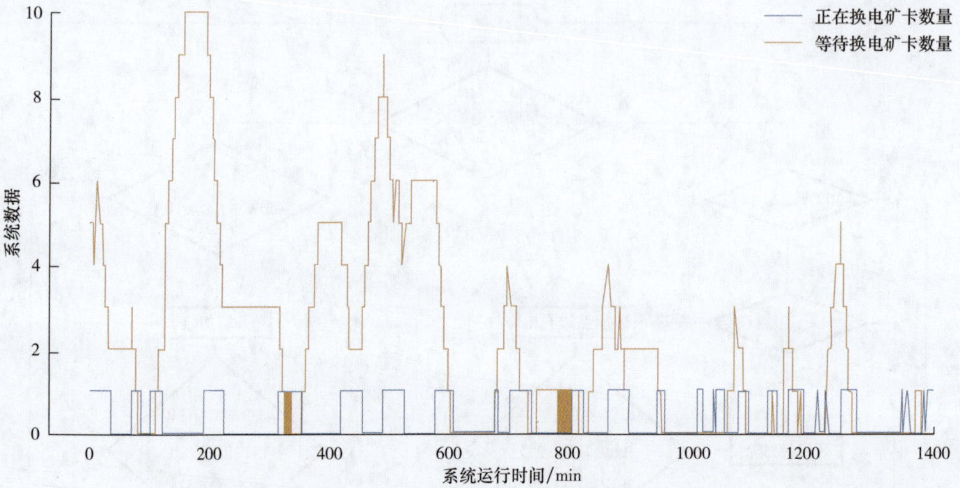

图 8-34　矿卡排队换电仿真

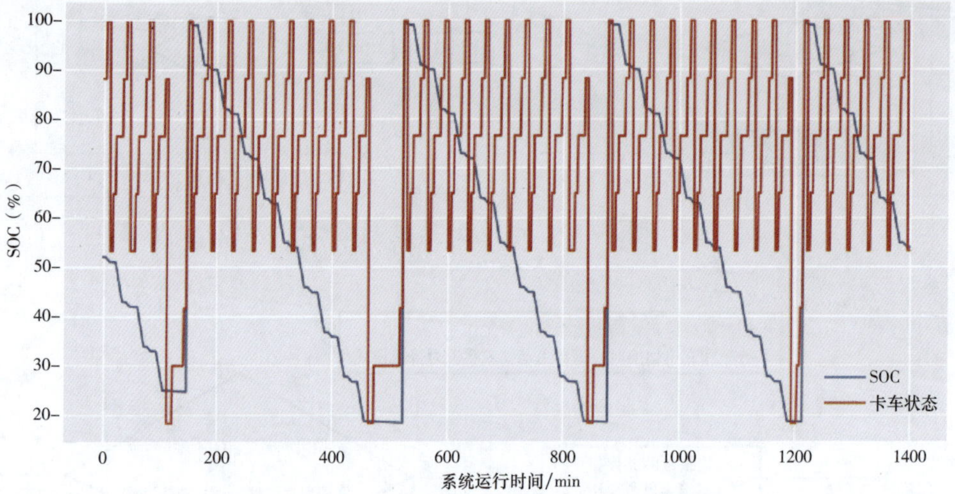

图 8-35　装排土换电循环SOC仿真

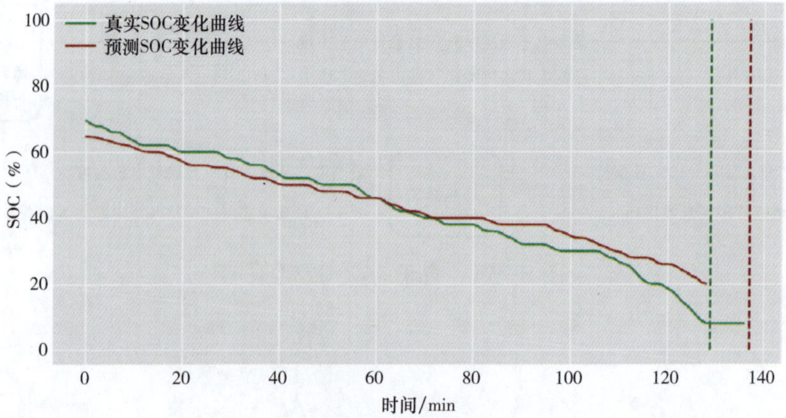

图 8-36　以历史数据为训练集的矿卡换电时间预测

图8-37为以历史数据为训练集的电池充电预测仿真。蓝色图线为实际剩余充电时间曲线，红色为预测剩余充电时间曲线，在全程约700个状态点下，通过自学习模型结合历史数据基本实现了电池充电预测，用以辅助强制调度策略的实施；并可在云平台界面显示剩余充电时间，用于以直观的方式辅助调度。

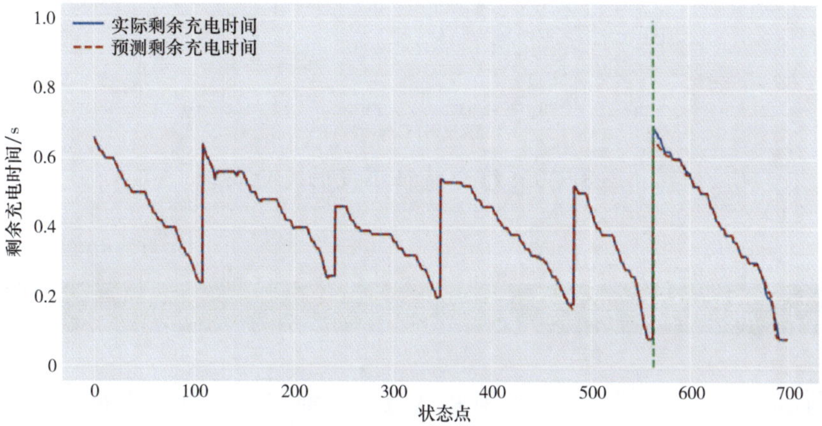

图8-37　以历史数据为训练集的电池充电预测

图8-38为以历史数据为训练集的电池充电预测仿真。蓝色图线为实际剩余充电时间曲线，红色为预测剩余充电时间曲线，在全程约6500个状态点下，通过自学习模型结合历史数据基本实现了电池充电时间预测，前面大部分状态点的预测数据与历史数据相吻合，后期有小幅度波动。

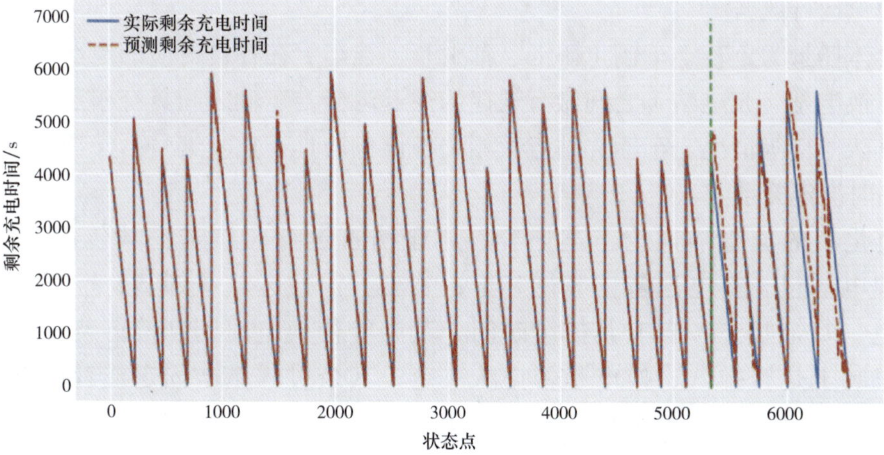

图8-38　以历史数据为训练集的电池充电预测

图8-39为结合特征温度的充电仿真，所依托的热管理策略包括加热控制策略和制冷控制策略。从图8-39中可以看出随着充电倍率增加，温度上升，当温度升高到某一值时趋于稳定，即制冷系统开始工作，用以维持充电过程稳定。

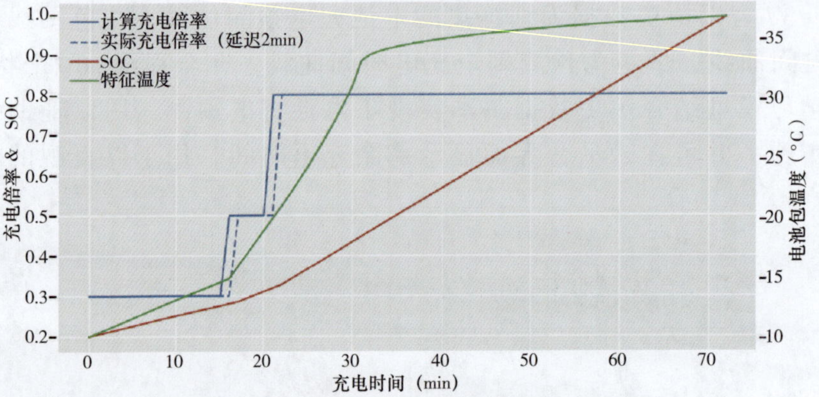

图8-39　结合特征温度的充电仿真

8.3.5 流程仿真

对于任何一个复杂的系统，在其正式投运之前通常会有一段时间的试运行，而在试运行之前需要模拟整个系统的运行状态，从而提前发现并解决一些问题，给试运行节省宝贵的调试时间，争取更早投产。由于早期商用换电工程项目的特殊性，基础建设和配套设施无法在短时间内完成，可以通过建立全流程仿真的方式对调度策略进行预验证。

本小节涉及参数为经验值（仅供参考），提炼自某年夏冬两季某矿区实际运行数据。主体思路是通过指定少量初始物理量，简化内在规律，线性添加随机量，以此生成模拟运行数据。

具体场景为，若干车辆（矿卡、牵引车、挂车）在各自对应的地点或地段（工作面、换电站、充电站）之间做有规律的往返运行，车辆之间具有相互关联性，如发生排队等待等情况。车辆、站点及相关各设备均具有独立编号，并具有一定范围内的临时绑定关系。

简化后的流程描述为下述内容，用于仿真设计。矿卡一共包含7个状态：等待换电池包，换电池包，等待装土，装土，满载运输，卸载，空车返回，空车换电。每个状态各自有其持续时间，其中等待换电时间和等待装土时间根据挖掘机装土是否排队、换电是否排队决定；其余过程基本固定或者可以事先获得。系统初始化后，卡车具有各自的状态与持续时间。当矿卡卸载完土并且此时SOC低于20，则出发指令，强制去换电。如果不触发换电指令，矿卡将在等待装土、装土、运输、卸载、返回五个状态之间循环运行。如果新的挂车到达，无论此时有无换电和排队，只要旧的挂车上尚有满电电池包，则新到达的挂车需继续等待，直到剩余电池包全部换完为止。矿卡换完电池后，则返回装土区等待装土。

8.3.5.1 装排土仿真

工作面模拟通过后台管理页面手动输入，其属性固定，不使用随机生成。装排土坐标及路线通过地图绘制轨迹，路径为换电站、装土区往返排土区、换电站。土质类型及其对应的电耗影响因子a：黄土a=1、岩石土a=0.7、红泥a=1.3。

矿卡模拟的初始状态每个工作面5辆，通过后台可手动操作增删数量。行车车速设计为15~25km/h，正态分布，不考虑上下坡差异。运土电耗每分钟为0.36%，上述土质影响因子在此项生效。等候电耗含装排土时间，设计为每分钟电耗0.03%。空车返回/往返换电站电耗设计为每分钟0.23%。装土时间（含等待）10~20min，均匀分布，此时段内车速为零。运土时间不做设定，按照流程自动行驶即可。排土时间（含等待）1~2min，均匀分布，此时段内车速为零。空车返回时间同样不做设定，按照流程自动行驶。一个装排土循环所用时间为装土时间（含等待）、运土时间、排土时间（含等待）、空车返回时间的总和。每次换电完成后，起始路线为换电站至装土区；结束路线为排土区至换电站，具体路径参数可按照地图轨迹计算。

8.3.5.2 换电及牵引车仿真

换电站设置有2个，每个换电站配置3个工作面，随机启用其中2个以模仿实际工况。换电等待时一般情况小于30min，排队时间计入换电等待。换电中时长设置为8min，其中包含换电全过程耗时约5min，车辆从待换电矿卡驶入换电区再到下一辆驶入换电区并停稳约3min的总计时长。另外，空电满电挂车换车时长设置为15~20min均匀分布。牵引车车速则按照25~30km/h均匀分布来设计，该速度受限于矿区道路时速要求。牵引车行驶路线模拟方式与矿卡路线类似，通过在地图上选点绘制轨迹后分段计算后再拼接即可。

8.3.5.3 充电仿真

牵引车的排队等待充电时间和满电待运等待时间由调度结果随机产生，无需提前定义。充电过程温度模拟、电压模拟、SOC模拟、充电枪输出功率模拟见下述8.3.5.5电池信息仿真。放电和充电过程中的整包功率一致，放电时符号为正。充电枪功率作为最终输出值，没有电池或充满以后为零。

8.3.5.4 突发故障/事故模拟

突发事件用于模拟现实中因天气、人为等不可控因素突然停工的情况。纯随机生成，每天一次，模拟效果为全场或部分车辆、站体等设备停运。具体可分为：矿卡故障、电池故障、牵引车故障、换电站故障、充电站故障、工作面停工等，后台故障、数据断流和网络故障等因素可通过手动截断模拟数据生成程序来实现。

8.3.5.5 电池信息仿真

每个电池包内含电芯数量和串并联结构根据实际需求确定，此处以720个电芯为例，每个电芯顺序编号；电池结构分级为包、簇、标准箱、模组、电芯；簇之间并联，其余串联。

电压仿真层级分为四部分：电芯电压、标准箱电压、簇电压、包电压。电芯电压每次放电开始时初始化一次，充电不初始化，每个电芯初始化之后的数据不再随机，而是基于该电芯上一时刻的值变化。

放电阶段每个电芯电压独立生成。放电阶段电压变化如下，初始电压设定为3.32~3.34V均匀分布；基础电压下降量为上一秒SOC减去当前SOC再与系数0.0018相乘。当前基础电压为上一秒基础电压减去基础电压下降量得到；当前停车电压与当前基础电压相等；当前行车电压设定为当前基础电压减去0.13V。以上数据全部生成之后，乘以0.998~1.002之间的随机因数模拟实际电压抖动。值得注意的是，停车电压、行车电压、基础电压三者不同，只有基础电压参与迭代。实际输出参数在停车时为停车电压，行车时输出的是行车电压。

充电阶段的初始电压为3.15V加0.005V与剩余SOC的乘积；随后每当SOC增加1%，电压增加0.005V；在此基础上乘以0.998~1.002之间的随机因数。充电阶段的输出参数为720个电芯电压，其中包括最高值、最低值、平均值。

标准箱电压为每48个电芯电压相加。例：1~48号电芯为1箱，49~96号电芯为2箱，以此类推，720个电芯共分为15个标准箱。输出参数为15个箱电压，其中包含最高值、最低值、平均值。簇电压分为ABC三簇分别输出3个簇电压。最后，包电压即矿卡电池包的总电压，计算方式为ABC三簇电压取平均值。

电流仿真分为簇电流和包电流两个层级：簇功率和簇电压。ABC三簇分别计算，输出为ABC三簇三个电流。包电流为包功率除以包电压，输出参数为包电流。

功率模拟与电流类似，分为簇功率和包功率。簇功率设定为包功率的三分之一，输出量即为ABC三个簇功率，单位为千瓦。包功率由下述方式计算得出。

在放电阶段，每分钟SOC的消耗乘以60min乘以530kWh（530kWh为电池包总容量）即为放电功率。例：依据上述矿卡模拟规则，运土电耗为每分钟0.36%，因此，$0.36\% \times 60 \times 530 = 114.48$kW，即为运土功率，等待和空车返回等其他状态功率以此类推。在充电阶段，功率符号为负，从充电开始算起，第一个5min为100kW，第二个5min为200kW，之后300kW一直充到95%，然后200kW充到98%，然后100kW直至充满，充满后功率降为0。输出参数为包功率。

SOC模拟分为放电和充电两个阶段。放电阶段的SOC依照前文矿卡模拟的规则生成。充电阶段的SOC依照如下规则生成。初始SOC数值继承自矿卡换下来的亏电电池包，充电时的当前SOC=上一秒SOC+充电功率 × 1s/（530kWh × 3600s）。

温度模拟作为预测算法的输入参数同样有重要作用，但电池温度变化影响因素较多，可根据工程需要做相应简化。此段仅为参考。假设每个电池包共135个温度测点，每个测点依据下述方法生成。放电阶段：24~29℃均匀分布；充电阶段：前5min为22~24℃均匀分布；第二个5min为24~26℃均匀分布；第三个5min为26~28℃

均匀分布；随后直到充满28~29℃均匀分布。输出参数为每个标准箱内测点的最高、最低、平均温度，每箱9个测点。

图8-40为某矿区的仿真轨迹设计。综上，在此套仿真设计的基础之上，可调整各参数的输入产生有效输出数据，以此进行自动调度和主动调度算法的验证，基于本节仿真方法的调度验证已呈现在上述8.3.3主动调度部分，可供读者参考。

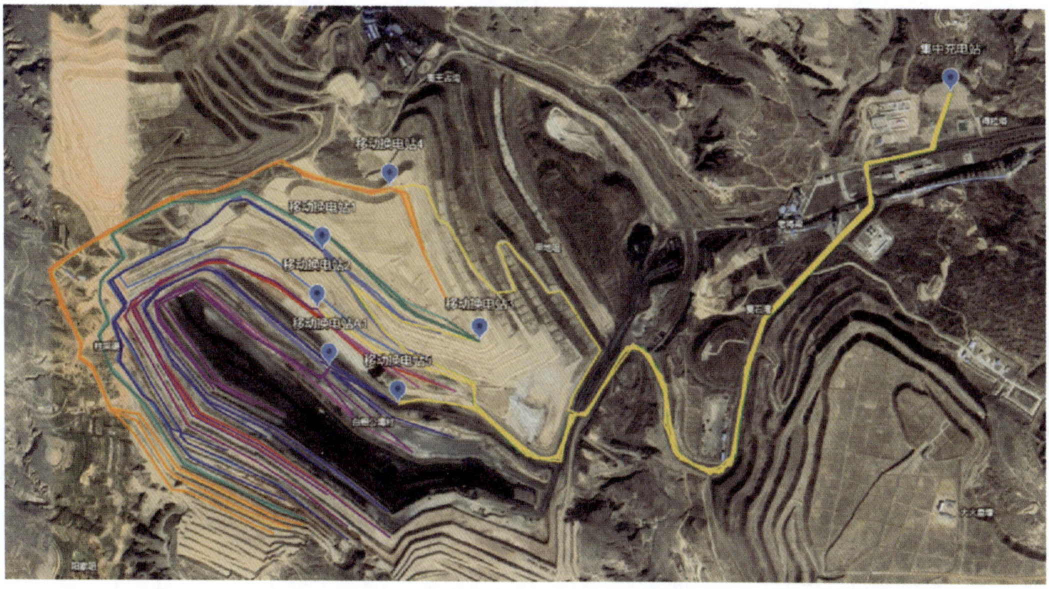

图8-40 某矿区的仿真轨迹设计

第9章 换电站结合新能源微电网

9.1 新能源微电网概述

9.1.1 新能源微电网的含义

随着可再生能源渗透率的日益提高，可再生能源存在并网难、消纳难、长距离传输能效低、损耗大、设备利用率低、系统增容投资边际效率差等挑战越来越大。传统能源电力行业的高度垄断技术构架体系、管理体系，不适应高渗透率的可再生能源及分布式能源的接入。

新能源微电网利用了风、光、生物质等多种可再生能源，通过能量存储和优化配置实现本地能源生产与用能负荷基本平衡，通过冷、热、电等多能融合，实现可再生能源的充分消纳，构建智慧型能源综合利用局域网。新能源微电网利用互联网思维和手段，构建新型区域能源生态系统，提高可再生能源比重，转变能源结构，提高能源综合利用效率，提升大众参与程度，提升能源综合价值，转变经济增长方式，带动产业升级。

新能源微电网有并网、独立两种运行模式。联网型微电网一般与配电网并网运行，互为支撑，实现能量的双向交换。对电网来说，新能源微电网可以作为可控负荷进行管理。外部电网故障时，可转为独立运行模式。通过先进的控制策略和控制手段，可保证新能源微电网内高可靠的能源供给，可实现两种运行模式的无缝切换。独立型微电网不和常规电网相连接，利用自身的分布式能源满足微电网内负荷的需求。当网内存在可再生分布式能源时，常常需要配置储能系统以保持能源与负荷间的功率平衡，并充分利用可再生能源，适合在海岛、边远地区等地为用户供能。

9.1.2 新能源微电网的基本理念

新能源微电网是在新理念下构建的综合能源系统。其基本理念如下：

（1）多重融合：能源系统与信息系统的有机融合；分布式能源、可再生能源与大系统能源的融合等。

（2）两个提高：提高资产效率；提高能源生产效率。

（3）三个平衡：源－源之间的协调平衡，即多种一次能源、二次能源、分布式能源及可再生能源等与大系统能源跨时空平衡；荷－荷之间的协调平衡，即可控负荷、随机负荷、热负荷、电负荷等的时空平衡；源－网－荷之间基于负荷侧的协调平衡。

（4）四个基本约束：可靠性保证的约束；经济性的约束；环境保护的约束；可持续发展的约束。

（5）五个基本要素：源、网、荷、储、控。

（6）六个关键指标：系统总效率指标；供能可靠性指标；新能源渗透率指标；能量、功率交换率指标；能量自给率指标；绿色环境指标。

（7）七类关键技术：新能源的高效转换及发电技术；电力电子技术；信息技术及低成本的传感技术；大规模低成本高效率的储能技术；基于总能量理论的能量控制技术；新能源汽车的V2G技术；在大系统理论构架下的能源系统重构技术。

9.1.3 新能源微电网的基本要求

9.1.3.1 新能源微电网的功能定位

利用风、光、生物质、天然气等能源，通过能量存储和优化配置实现本地能源生产与用能负荷基本平衡，通过冷、热、电等多能融合，实现可再生能源的充分消纳，构建智慧型能源综合利用局域网。创新管理体制和商业模式，整合各类政策，以新能源微电网为载体，参与当地电力体制改革，形成具有本地特色且易于复制的模式。

9.1.3.2 新能源微电网的范围要求

应具有明确的范围，与外部相关系统有清晰的接口，承担区域内供电、供冷、供热等综合能源服务，形成以可再生能源为主的高效一体化分布式能源系统。

供电范围内的供电安全和电能质量应符合相关电力标准，新能源微电网最高电压等级目前不超过110kV，可再生能源功率渗透率（微电网额定装机功率与峰值负荷功率的比值）不低于70%，新能源微电网电量自给率不低于50%；微电网与公共电网连接点（PCC）的交换功率不大于微电网最大负荷的25%或按国能新能〔2015〕265号文件要求；示范区域内可再生能源和清洁能源供热（冷）达到100%；在一定的政策支持下，具有经济可行性。

9.1.3.3 新能源微电网的基本判据、功能

新能源微电网的基本判据并非电压等级与容量，而是以下几点：

（1）与外部系统有明确的连接点（即插即用）。

（2）新能源渗透率大于50%。

（3）与外部系统的交换功率比率小于25%。

（4）内部能源自给率需要平衡。

新能源微电网有很多功能：可使多种能源、多种用能形式（冷、热、电）融合，使新能源就地充分消纳、能量就地分层平衡，降低传输损耗，提高系统综合能效。同时，可实现功率与能量的转换，实现不同形式的能量在时间、空间上的匹配，提高系统设备利用率，与外部系统的能量交换可调可控。新能源微网涉及很多关键技术，如主动配电网、智能用能、电动汽车V2G、储能、协同优化、能源大数据等。

9.2 新能源微电网的潜在价值

新能源微电网是容纳高比例波动性可再生能源电力的发输（配）储用一体化的局域能源系统，是探索能源服务新型商业运营模式和新业态的重要载体，是能源互联网的重要元素。

9.2.1 实现新能源充分利用，改善能源结构

可再生能源发电采用直接并网方式，电网依靠常规备用发电容量来平抑可再生能源的间歇性、随机性和波动性，为保障电网安全运行，可再生能源发电采用直接并网方式，对可再生能源发电的渗透率不可能很高。

新能源微电网通过新能源发电、储能及用能综合控制，使可再生能源渗透率超过100%，彻底消除“弃风弃光”现象，实现可再生能源的充分消纳，提高可再生能源在能源总消耗中的占比，降低化石能源消耗，改善能源结构，提高能源安全，减少碳排放和环境污染。通过新能源微电网可实现可再生能源的充分消纳，提高可再生能源设备利用率，使可再生能源开发商获取最大利益。提高能源综合利用效率，降低用能成本

目前电力系统的生产方式，一次能源的利用率低于20%。新能源微电网在区域内将新能源发电、储能和用户负荷优化配置，实现能源的就地利用，减少能量长距离传输环节，降低传输能耗不低于6%。

同时在区域内实现多能互补，能量的梯次利用，实现能源充分利用。以微燃机冷、热、电三联供为例，一次能源到用户端能效能达70%以上。

在能源消费环节，通过对用户用能习惯的引导、干预，将有效减少能源浪费，提高用能效率不低于10%。

新能源微电网从能源生产、传输、消费等环节降低损耗，提高能源综合利用效率，将大幅降低用能成本。

提高设备利用率，延缓投资新能源微电网可以通过内部调节实现与公共电网能量交换可调可控，是公共电网的可调度负荷。新能源微电网响应公共电网调控，辅助平滑负荷曲线，降低电网设备备用容量，提高设备利用率，延缓电网增容投资。

新能源微电网具有即插即用、扩容方便的特点，不同于公用电网的“适度超前”规划建设原则，一般按当前需求，当期规划、当期建设，节约投资，设备利用率高。

9.2.2 电动汽车综合利用

近年来，电动汽车发展迅速，其无序地移动负荷给配电网带来严峻挑战。

通过新能源微电网的调控，可实现电动汽车充电的电量和功率的平衡。100万辆电动汽车的年耗电量约为36亿kWh，当前北京市年耗电量约1000亿kWh，供电量仅提高5%左右，配电网基本无需增容，既可满足电动汽车充电需求，又能提高系统的设备利用率，同时保障电网的运行安全。

100万辆电动汽车，可存储约3500万kWh电量，形成巨大的储能资源。

新能源微电网利用电动汽车动力电池作为分布式移动储能系统参与电网调节，利用V2G技术参与新能源微电网运行。据有关统计，汽车的平均行驶时间仅为4%，96%的时间处于停驶状态。其可以作为微电网的储能要素，大幅度降低微电网的投资成本，提高微电网经济性，降低电网峰谷差，实现能源辅助服务，降低系统损耗，提高设备利用率。

将电动汽车由单纯的消费品转变成生产设备，实现电动汽车价值最大化，同时有效地分摊新能源微电网的储能部分投资，使新能源微电网的经济价值得到充分体现，又可以提高电动汽车的使用价值。

提供能源辅助服务，挖掘能源价值，新能源微电网可以提供能源辅助服务，形成调峰调频、无功电压调节、提供低成本高可靠供电需求，满足用户个性化的能源需求，提升能源附加值。

支持能源服务模式的转变，使人们从能源的产销体系向能源的服务体系转变。人们向市场提供的不仅仅是电、气、热等能源产品，提供的是光明、温暖、凉爽、信息等，是日常生活所需的各种能源相关的服务。

新能源微电网可再生能源渗透率超过100%，充分消纳，消除“弃风弃光”；可作为大电网的柔性可控有源负荷，平滑负荷曲线，提供辅助服务，降低备用容量，提高设备利用率，延缓大电网增容投资；还可减少损耗，提高从一次能源到终端用能系统综合能效，降低用能成本，具备潜在商业价值。

9.3 建设运营商业模式

新能源微电网投资建设在政府指导下，进行项目的规划研究，编制项目规划及可研报告，鼓励社会资本以PPP方式参与项目建设，多方投资建设，以市场化手段激发市场活力。在政府指导下，对新能源微电网进行统筹规划，优化社会资源、利用社会投资，引导用能用户，先示范后推广，满足建设目标要求，充分挖掘潜力，实现项目效益最大化。

商业模式是新能源微电网发展的原动力，是保证各参与主体合作共赢的纽带。新能源微电网的运营商业模式有以下阶段：

（1）独立运营商运营模式。

微电网运营商为运营主体，各参与方资本投入，分配利益。产销联盟运营模式。

本地产销联盟为运营主体，共同建设、共同受益，协商分配，形成有限开放市场。

（2）自由交易运营模式。

形成开放市场，各方为独立市场主体，通过市场进行自由博弈。

（3）推广的政策环境。

新能源微电网的推广需要明确基层对口主管部门，确定审批流程；出台针对微电网的专项扶持政策。

9.4 新能源微电网的发展

新能源微电网的发展与电力体制改革相关：新能源微电网是电力体制改革的重要载体，是电网配售侧向社会主体放开的一种具体方式；新能源微电网的发展与能源互联网相关：从物理层面，微电网是能源互联网的“终端”，实现能量双向流动、信息双向流动以及能源就地综合利用；从模式层面，微电网是能源互联网的重要市场主体，电网配售侧向社会主体放开的一种具体方式。是实现增量配网改革的重要手段之一。

新能源微电网需要进一步研究的课题如下。

9.4.1 技术体系

微电网规划、设计、运行、维护；多种能源协调优化；配电网双向互动；微电网标准体系。

9.4.1.1 能源协调优化

（1）装置说明。调度中心是充放储一体化站的指挥中心，监控主机位于监控室，调度中心完成三大功能：监视站内配电系统、充电装置、电池系统、能量转换系统以及电网系统的状态；处理下级数据采集系统上传的信息；根据监测数据制定一体化站的充放电计划，控制一体化站各个子系统的运作。

（2）运行流程。现场监控装置分布于站内各子系统，获取电池充换系统的电池储能水平状态、充电区域以及换电区域的运行状态、梯次电池储能系统的储能水平状态、电网的运行状态，并通过车载终端获取当前车辆运行信息，包括电池电量状态以及电能需求等；中央处理机根据以上信息制定电池充换系统以及梯次电池储能系统的充电放电计划，发送控制指令控制切换能量转换系统的运行状态，从而控制一体化站与电网之间的能量流动。

（3）操作和注意事项。采用自动化系统，站内繁多的状态信息数据通过局域网传输到主机，主要包括电气设备、保护装置、测控单元等，这些装置与主机实现实时通信。同时，主机通过通信网络将本站调度信息数据实时上传至上级电网调度中心。

9.4.1.2 变流装置

（1）装置说明。多用途变流装置是连接电网和一体化站的能量通道，已通过多组整流/逆变器以及直流变换器实现交流电网与站内直流系统之间的能量转换。采用nc/nc-nc/ac拓扑结构的变流装置具有适应性强、控制独立等优点，能满足一体化站的运行控制需求，便于对电池系统进行灵活充放电控制与管理以及并网控制。

（2）运行流程。变流装置接收来自调度中心的指令，根据指令控制变流装置的运行模式：充电站充电/梯次站充电；充电站充电/梯次站不动作；充电站充电/梯次站放电；充电站不动作/梯次站充电；充电站不动作/梯次站不动作；充电站不动作/梯次站放电；充电站放电/梯次站不动作；充电站放电/梯次站放电。

9.4.1.3 电池充换系统

（1）装置说明。电池充换系统是一体化站对电动汽车用户的服务窗口，同时具有电池更换系统和快慢充电装置，适应不同需求。电池充换系统包括充电区、换电池区以及电池维护区三个模块：①充电区：配备快速和慢充电装置，并能对电池系统的储备电池按照充电计划进行合理的充放电控制；②换电池区：可为电动汽车用户提供快速更换电池服务；③电池维护区：包括电池特性检测室以及梯次利用电池成组车间。电池维护区对电池进行维护，包括电池性能检测以及电池维修等，并进行梯次分组后将可作为动力的电池组送入充换站，动力性能较差的电池送入梯次电池储能站。

（2）运行流程。充电区为抵达一体化站的电动汽车提供常规充电和快速充电方式，对时间要求较高的用户可至换电区快速更换电池。电池维护区中电池特性检测室对用户更换下来的电池进行测试，将动力性能良好的电池送入电池充换系统，组成储能站并网运行，同时，将丧失动力性能的电池送入梯次利用电池成组车间进行分组后送入梯次电池系统组成储能站并网运行。此外，对于损坏的电池进行维修后分类送入充电站和梯次站。

9.4.1.4 梯次电池储能系统

（1）装置说明。梯次电池储能系统对电池维护区的退役电池进行再利用，开发电池的剩余使用价值，构成电池储能系统与电网进行灵活可控的能量互动，提高经济效益以及增强电网运行可靠性。

（2）运行流程。梯次电池储能系统实时掌握电池维护区中梯次利用电池成组车间的电池情况，当站内电池容量缺额时从成组车间获取梯次电池加入储能系统，并定期检测储能电池状态，将储能性能失效的电池移除。

9.4.1.5 站内配电系统

（1）装置说明。站内配电系统是一体化站正常运行的基础，为一体化站内各设备装置提供电源，同时为一体化站内的照明、温控等系统供电。

（2）运行流程。正常情况下配电系统由电网供电，为站内设备提供电源；当一体化站进入孤岛自治运行时，配电系统由充电站和梯次站供电，维持一体化站设备的正常运转。

9.4.1.6 一体化站异常及事故处理

（1）电网进入紧急状态。当一体化站接入的上级电网进入紧急状态时，电网各运行指标已经严重越限，一体化站调度中心控制一体化站改变运行模式，进入保护运行模式，为电网提供紧急支持服务。该模式下一体化站暂停电动汽车充换电服务，2个电池储能站均并网运行，根据调度中心指令对电网进行全功率充/放电。

（2）电网进入崩溃状态以及恢复状态。当一体化站接入的上级电网进入崩溃状态以及恢复状态时，电网紧急控制措施已无法将其调整至正常运行状态，此时一体化站若维持并网运行，将由于接入点电压、电流等严重偏离额定值而严重损坏一体化站内设备，因此，一体化站调度中心控制一体化站脱离电网运行，进入孤岛自治运行模式，不再与电网进行功率支持。

9.4.2 运营模式

微电网投资、建设、运营商业模式；微电网相关金融及衍生品、价值实现；微电网参与电力市场交易。一体化站在正常情况下并网运行并为电动汽车提供充换电服务。当上级电网出现紧急状态时需要调整运行方式，提供必要的支持；若上级电网崩溃时则需离网运行，防止电站设备损坏。由此可见，一体化电站的具体运行模式与接入点电网的状态紧密联系。研究中将电网状态划分为正常、警戒、紧急/严重紧急、崩溃以及恢复5种状态。

9.4.2.1 正常运行模式

一体化站的常规状态为正常运行模式，该模式适用于电力系统正常运行状态甚至告警状态。一体化站处于正常运行模式时，电网各项指标仍处于正常范围内，此时，一体化站运行以经济优化作为主要目标，利用峰谷时差电价对电动汽车的充放电采取优化控制，同时适当提供包括无功补偿、谐波治理等辅助服务。在正常运行模式下，充放储一体化站可能的运行子状态包括：充电站充电/放电/不动作和梯次站充电/放电/不动作共9种组合方式。

9.4.2.2 保护运行模式

一体化站非常规状态为保护运行模式，该模式适用于电力系统出现紧急甚至严重紧急状态，即系统各项运行指标处于稳定边缘。在该运行模式下，一体化站不再以经济目标为主要运行目标，因为若一体化站仍以经济调度方式运行，可能加剧系统的各项指标越限，导致系统失稳。因此，一体化站应调整运行模式，进入保护运行模式，利用一体化站变流装置的技术优势，采取包括快速有功功率、无功功率支持在内的紧急支持措施，协助电网恢复正常运行状态。

9.4.2.3 孤岛（自治）运行模式

一体化站的特殊运行状态为孤岛运行模式，又称自治运行模式，适用于电力系统崩溃及系统恢复状态。采用该运行模式时，电力系统各项指标已经严重偏离稳定限值，若一体化站仍并网运行将严重损害一体化站电力设备，因此一体化站应迅速解列进入离网运行状态。

第10章 换电重卡商业化重点企业分析

近两年，国内电动商用车迅猛发展，换电行业兼具满足电动商用车快速补电等多种独特优势，成为商用车和特殊领域内电动化能源补给的主要手段。目前市场上，较为先进、体量较大的两家电动商用车专业化公司分别为：一是以国家电网公司为背景的国网商用电动汽车投资有限责任公司，依托国家电网用电优势和换电技术为背景，在国网体系中各地方区域公司进行产业孵化和业务发展；二是以国电投为背景的上海启源芯动力科技有限公司，以“充换分离”运作方式推动产业发展。

两家公司的发展路线各有优势，以国家电网为背景的国网商用电动汽车投资有限责任公司主要以电网用电优势融合换电技术在国网体系中各区域公司进行产业孵化；以国家电投集团为背景的上海启源芯动力科技有限公司则以国家电投央企背景，通过不断融资再融资，以“提供绿电交通解决方案，可进行充换电基础设施建设，还可成为绿色电力接入者。下面具体分析两家公司的商业模式、技术路线及市场情况。

10.1 国网商用电动汽车投资有限责任公司

10.1.1 商业模式

国网商用电动汽车投资有限责任公司作为重卡换电行业的重点企业，主要布局智能充换电服务、商用电动车辆（含特种专用车）及大型工程机械运营服务、电动重卡运营服务、关键技术输出、核心产品销售、新能源电网交易、充换电辅助电网服务、换电+储能一体化运营服务、工业互联网服务等业务。提供面向乘用车、重卡及矿卡的典型充换电产品，遵循“统一标准、统一规范、统一标识、安全可靠、经济实用、按需建设”的原则，确定统一的技术要求和技术标准，归并设备选型及方案，为客户提供安全、高效、可靠的充换电产品和服务。

10.1.2 技术路线

国网商用电动汽车投资有限责任公司基于其矿卡双侧货叉式换电系统、道路重卡单侧抓举式换电系统、乘用车双RGV底盘换电系统的三大标准化换电产品，及下属快换电池箱总成、高可靠锁止机构、模块化换电机器人、换电控制器等核心零部件产品作为投建基础，以车联网平台搭建换电运营系统，依托自有场站研究换电站参与电网互动和新能源消纳的方式，探索开展绿电交易、S2G（站网双向互动）、碳交易等创新型业务，实现投建和运营系列充换电示范项目。

公司同时通过建设国网智慧车联网平台业务，展示涵盖矿卡、公路型重卡、乘用车等车型充换电站信息，采用省、市、站三级下钻，多维度展示换电站运行状态，包括功率、电量、次数、类型等指标，全面了解站点运营状况，监测换电工位的实时状态，展示减少碳排放量数据，直观反映电动汽车替代燃油车的环境效益，全面展示电动汽车换电领域取得的进展。

10.1.3 市场情况

国网商用电动汽车投资有限责任公司的业务横跨工程机械、重卡、乘用车三大充换电运营场景。从国内首个高寒、高海拔矿山工程机械换电项目，到全面提供渣土、公交、出租网约等城市专用车辆充换电服务。公司共有300余项技术专利，其中70余项发明专利，并获得国际专利PTC10余项，与十余家主流整车企业合作开发了二十余款换电车型，实现多品牌车型共享换电，为市场提供安全、高效、便捷的优质服务体验。

10.2 上海启源芯动力科技有限公司

10.2.1 商业模式

上海启源芯动力科技有限公司（简称启源芯动力）是国家电力投资集团有限公司旗下专注“绿电交通”领域的零碳绿能交通综合服务商，承担整个国家电投集团在绿电交通领域板块业务，包括换电重卡、工程机械、换电站的投运等一系列的具体事务。

公司主要经营动力电池销售、电动汽车充换电设施销售和运营，以及新能源领域的技术开发，公司主要产品有CTB重卡换电电池系统、重卡充换电站、工程机械电池系统等。

公司致力于以“车身与电池分离使用，电池可快速更换”（车电分离）的设计理念和运营模式为基础，聚焦交通用能关键矛盾，创新性地提出了“换电重卡－电池银行－换电站”三位一体运营模式。通过无动力车身和动力电池分离运营，实现车主一次性购车成本的大幅节降及电池的共享流通；电池银行及充换电站的建设运营，为换电重卡提供及时的补能服务；数字化赋能，加持电池、车辆及充换电站的全生命周期精细化管理及运营，提升服务的准确性及及时性。通过打造整体解决方案，快速实现产业低碳升级。提供多品类换电重卡及电动工程机械（换电重卡、纯电动工程机械、换电矿卡）、多品系智能充换电设施（绿岛、星途、岚屿系列）、电池资产全生命周期管理、智慧调度与数字化运营管理等。

并计划到2025年，将在全国重点城市建设换电站超过4000个，电池管理22.8万套，推广换电重卡及工程机械20万台。

10.2.2 技术路线

启源芯动力科技有限公司基于其“充换分离”模式，通过集中型充电站对大量电池集中存储、集中充电、统一配送，并在电池配送站内对电动汽车进行电池更换服务或者集电池的充电、物流调配以及换电服务于一体。在采取电池租赁的方式降低整车的购买成本的同时可以解决充电时间过长的问题。其现有技术按照电池拆卸方式可将换电方式分为底盘换电、分箱换电和侧方换电。针对不同类型车辆、不同运营场景的不同换电技术路线：乘用车的换电安全性和一致性提高，整包自动底盘换电成为主流；商用车多采用多箱侧向换电。

基于换电重卡互通互换的市场需求，公司将包括车辆电池、机械臂、充电架、维护系统和控制系统，打造成商业化推广产品。当产品的各项指标同时满足交通、电力及储能的时候，就具备了能源产品的属性，形成交通和能源的共享。考虑到未来产品节能减排的发展趋势和能耗性指标，公司在电池热管理、数字化平台、延伸产品方面都进行了深度布局，用户可以通过启源数字化云平台，监控车辆位置、能耗、充换电量等运行数据，查看电池放电量、随车记录、在站记录等电池安全数据。

10.2.3 市场情况

启源芯动力科技有限公司最早于2018年开始布局换电业务，基于之前行业中乘用车、大巴、轻卡、物流车电动化的经验，公司确立了重卡端的换电模式，构建能源补给网络。同时，公司牵头了国家换电标准的修订工作，推动重卡换电标准体系的完善。此外，以换电为核心功能的电池产品和充电不同，基于产品特性，公司在2023年开展了针对性产品研发，为换电行业提供技术支持。

启源芯动力科技有限公司跟主机、电池供应商构建一个融合体系，上下游产业链相互融合，公司作为充换电运营商，同时也是设备供应商、电池供应商，布局了储能、共享及梯次利用业务，通过多种方案解决可再生电力能源波动性，在能源和补能的基础设施上做深度结合，综合“充–换–送”补能方案，拓展源端和用户端，使产业进入良性循环。

公司目前的多款换电站型可充可换可移动，适配超85%换电重卡车型，服务超2万辆换电重卡及纯电工程机械。

参考文献

[1] 王培．各国政府给予大额补贴 新能源汽车“钱”途光明［J］．商用汽车新闻，2008（39）：7.

[2] 余梦洁．盘点重卡行业八大技术趋势［J］．商用汽车新闻，2011（8）：8-9.

[3] 钟恒坚，戴咏夏．换电模式下电动汽车电池移动板的研制与应用［J］．浙江电力，2015，34（4）：29-32.

[4] 季恒宽，丁水汀，团国兴，等．移动换电或促电动汽车产业发展［J］．中国科技财富，2010（21）：40-41.

[5] 孙红．2021年汽车产销同比增长超过3%，商用车下半年终结增长势头［J］．商用汽车，2022（1）：77-79.

[6] 辛木．中国石油资源现状、发展前景及汽车工业的对策［J］．交通世界（运输．车辆），2007（10）：26-31.

[7] 周淑慧，杨义，王占黎．加快LNG汽车推广，促进交通运输行业绿色低碳发展［J］.国际石油经济，2012，20（6）：33-40+110.

[8] 朱平，宋宁，赵明，等．电动重卡市场化发展趋势分析［J］．汽车实用技术，2023，48（17）：16-23.

[9] 周义，李慧颖．换电重卡“双重驱动”绿色物流［N］．经济参考报，2023-09-15（6）.

[10] 王僖．重卡行业回暖天然气重卡爆发式增长“抢气瓶”再现上游产业链加速重构［N］．证券日报，2023-09-13（B02）.

[11] 姬瓅瓅，蔡海霄，王宇．新能源冲击波下的卡车节能减排路线图［J］．交通世界（运输．车辆），2009（9）：60-74+12+14.

[12] 张夕勇．自主创新助推福田实现全球化发展［J］．汽车工程，2009，31（9）：795-799.